Hildegard Aepli

Single – und wie?!

Erfülltes Leben

mit unerfüllten Wünschen

Ignatianische Impulse
Herausgegeben von Stefan Kiechle SJ, Willi Lambert SJ
und Martin Müller SJ
Band 53

Ignatianische Impulse gründen in der Spiritualität des Ignatius von Loyola. Diese wird heute von vielen Menschen neu entdeckt.

Ignatianische Impulse greifen aktuelle und existentielle Fragen wie auch umstrittene Themen auf. Weltoffen und konkret, lebensnah und nach vorne gerichtet, gut lesbar und persönlich anregend sprechen sie suchende Menschen an und helfen ihnen, das alltägliche Leben spirituell zu deuten und zu gestalten.

Ignatianische Impulse werden begleitet durch den Jesuitenorden, der von Ignatius gegründet wurde. Ihre Themen orientieren sich an dem, was Jesuiten heute als ihre Leitlinien gewählt haben: Christlicher Glaube – soziale Gerechtigkeit – interreligiöser Dialog – moderne Kultur.

Hildegard Aepli

Single – und wie?!

Erfülltes Leben mit unerfüllten Wünschen

echter

Bibliografische Information der Deutschen Nationalbibliothek

Die Deutsche Nationalbibliothek verzeichnet diese Publikation in der Deutschen Nationalbibliografie; detaillierte bibliografische Daten sind im Internet über <http://dnb.d-nb.de> abrufbar.

www.echter-verlag.de
Umschlag: Peter Hellmund
Druck und Bindung: fgb · freiburger graphische betriebe
ISBN
978-3-429-03480-1 (Print)
978-3-429-04630-9 (PDF)
978-3-429-06039-8 (ePub)

Inhalt

Vorwort

Das vorliegende Buch hat Menschen im Blick, die seit längerer Zeit alleine leben. Vielleicht machen sie sich Gedanken darüber, ob sie ihre endgültige Lebensform gefunden haben oder in einer Übergangssituation leben. Sie stellen sich unabhängig davon die Frage, wie diese Form oder dieser Abschnitt sinnvoll gestaltet werden kann. Der Titel »Single – und wie?!« deutet ein Zweifaches an. Das Buch geht dem Offenen nach: Singlesein, wie geht das bitte? Und das Buch bestärkt: Singlesein, natürlich ist das eine sinnvolle Lebensweise! Durch den Untertitel wird deutlich, dass beim Singlesein die Dimension der unerfüllten Wünsche offensichtlicher im Blickfeld ist als bei anderen Lebensformen. Deshalb sind Überlegungen angebracht, inwiefern es erfülltes Leben mit unerfüllten Wünschen gibt. Und sollte dies möglich sein, dann muss gesagt werden, wie! Allem Offenen und allen Fragen zum Trotz wird dieses Buch davon sprechen, dass der Alleinstand eine normale, gute und vollwertige Lebensform ist, selbst wenn sie gesellschaftlich gesehen keineswegs immer als solche wahrgenommen werden wird.
Ich wurde angefragt, dieses Buch zu schreiben, weil ich als unterdessen 48-Jährige einige Jahre Erfahrung mit einem Leben als Allein-Stehende mitbringe. Von diesen Erfahrungen gehe ich auch aus und habe vor allem am Anfang des Buches viel Biographisches einfließen lassen. Die Reflexion dann, also das Nachdenken über die Lebensform der Allein-Stehenden im Allgemeinen, steht in diesem Buch immer im Zusammenhang mit der persönlichen Erfahrung. Daraus ergeben sich An-

regungen und Impulse für die Leser, die sich wiederfinden, ja bestätigt fühlen können oder aber dazu kommen, ihr Eigenes deutlicher zu benennen.
Schließlich wird das Buch zum Übungsbuch, welches die ignatianische Perspektive von Anfang an miteinbezieht. Die ignatianische Spiritualität hält einen Fundus an Hilfestellungen bereit, die aus den Erfahrungen ihres Gründers, des heiligen Ignatius von Loyola, stammen. Er war ein Mensch, der lange Zeit seines Lebensweges, bevor er sich mit Gefährten zusammenschloss, alleine seinen persönlichen Weg mit Gott suchte. Er legte ein sehr praktisches Zeugnis darüber ab, was ein Mensch braucht, um seinem innersten Wesen gerecht zu werden, ein erfülltes Leben zu suchen und zu finden. Das Buch regt an, den Blick und die Wahrnehmung für sich selber zu schärfen und dann über sich hinaus in den Zusammenhang von Gott und Mensch zu denken und darin erste oder vertiefte Schritte zu wagen.
Dieses Buch stammt aus der Feder einer Allein-Stehenden. Aber es ist trotzdem ein kleines Gemeinschaftswerk, denn das Mauskript wurde in verschiedenen Phasen der Entstehung von anderen gelesen und schriftlich oder mündlich kommentiert. Es waren Frauen, Männer, Allein-Stehende und Verheiratete. Ich danke Andrea, Madeleine, Cornelia, Marcel, Patricia, Elisabeth, Theres, Jörg, Ruth-Maria und den vielen, die mich ohne ihr Wissen in Begleitgesprächen auf das eine oder andere aufmerksam gemacht hatten.
Es ist für mich eine Freude, mit diesem Buch einen Beitrag leisten zu dürfen für Menschen, deren Lebensform im Allgemeinen unvollständig, ja defizitär empfunden wird und die sich selber auch nicht getrauen, sich ganz zu fühlen in ihrer Haut. *Hildegard Aepli*

Beschreibung einer Lebensform

Einleitung

Gibt man in eine Suchmaschine im Internet das Wort »Single« ein, erscheinen zahllose Möglichkeiten der Partnervermittlung. Singles sind jene, die aktiv einen Partner suchen und denen mit dem richtigen Partner geholfen ist. Das spiegelt in etwa den Umgang der Gesellschaft mit Allein-Stehenden wider. Sie werden oftmals alle in einen Topf geworfen.
Dieses Buch richtet sich an Frauen und Männer, die nicht mehr primär auf der Partnersuche, aber offen für eine Lebenspartnerschaft sind. Es eignet sich für jene, die ahnen, dass ihre Bestimmung im Allein-Stehen liegt oder dass sie auf lange Sicht oder auf Dauer so leben werden. Es spricht jene an, die für ihre Lebensgestaltung Impulse aus der christlichen, insbesondere der ignatianischen Spiritualität suchen. Es richtet sich an solche, die sich in die Thematik einlesen wollen. Ziel des Buches ist auch, dem Lebensstand der Allein-Stehenden Wertschätzung und Beachtung zu schenken und ihn von verschiedenen Seiten zu beleuchten.
Wenn ich mich in einer Runde vorstelle, erzähle ich von der Herkunft, von Ausbildungen und der Berufsarbeit. Regelmäßig vergesse ich zu erwähnen, dass ich allein-stehend und kinderlos bin. Warum wohl? Ein Grund könnte sein, dass in solchen Runden alle etwas Positives von sich berichten. Die Aussage, ohne Familie und ohne Kinder zu leben, drückt aber zunächst eine Art Defizit aus. Wenn ich weiter darüber nachdenke, merke ich auch, dass unterdessen ein wichtiger Pro-

zess zur Ruhe gekommen ist. Die Frage des Zivilstandes und der Lebensform ist in den Hintergrund geraten. Ich stelle mich nicht mehr als »Tochter von« vor. Ich leide nicht mehr darunter, mich nicht als »Frau von« oder »Mutter von« bezeichnen zu können. Es ist gut so, wie es gekommen ist, und – ich nehme mir vor, in Zukunft bei Vorstellungsrunden zu erwähnen, wie ich lebe.
Es gibt viele Gründe, warum Menschen allein-stehend sind. Sie haben keinen Partner gefunden, eine große Enttäuschung in einer Beziehung erlebt, sie sind geschieden, verwitwet, passen nicht ins Kloster, sind von einer Aufgabe oder einem Thema sehr beansprucht, sie haben eine Krankheit, Behinderung, fühlen sich beziehungsunfähig … Ihnen gemeinsam könnte sein, dass sie unfreiwillig in dieser Lebensform stehen. Die wenigsten haben aktiv dafür eine Entscheidung gefällt. Viel eher sind sie langsam hineingerutscht. Einige fühlen sich gedrängt, ja gezwungen, so zu leben. Mit den Jahren ist vielleicht eine gewisse Akzeptanz für diese Lebensform gewachsen. Ihnen allen gemeinsam ist auch die Aufgabe, diese Lebensform zu gestalten.

Lebensform zwischen Stuhl und Bank

Die Googlesuche zu den Singles gibt die gegenwärtige Sicht auf die Allein-Stehenden wider. Sie sind alle auf der Suche nach einem Partner. Das Bild, das sich unbewusst für die jüngere und mittlere Generation der Allein-Stehenden daraus formt, ist eines von Unfertigkeit. Sie leben provisorisch. Singles können deshalb des Egoismus bezichtigt oder aber mit Mitleid bedacht werden, denn glücklich kann man ja so nicht leben. Ein

Themenheft der Neuen Zürcher Zeitung von 1999 kam zum Schluss, dass das Singlesein ein periodisch wiederkehrender Zustand im Nirgendwo zwischen zwei Beziehungen sei. Der Single könne nicht als Kind der Freiheit, sondern als Abkömmling moderner Beziehungsstrukturen beurteilt werden. So ähnlich dürfte sich das Lebensgefühl vieler Allein-Stehender auch tatsächlich äußern: zwischen Stuhl und Bank; noch nicht angekommen; im Übergang. Sie fragen sich: Was stimmt nicht mit mir? Es kann sich eine Art Sisyphus der Beziehungsfrage einstellen: Ich suche ewig und finde nicht! Manche wird das Gefühl des Scheiterns, des Ungenügens oder persönlicher Unzulänglichkeit, ja sogar der Scham begleiten. Vielleicht ist es das Erleben eines Defizits, das sie ständig begleitet; und aus einem Defizit heraus zu leben, lässt einen schwer zur Ruhe kommen.

Andererseits stellen sich viele Dienstleistungsbetriebe auf die Singles ein. Diese haben in der Regel mehr Geld zur Verfügung und geben es leichter aus. Das portionierte Fast Food wird entwickelt und im Bereich des Wohnens wird an die Singlehaushalte gedacht.

Gesellschaftlich gesehen gibt es die Ledigen. Viele Formulare halten diese Variante der Lebensform bereit. In der Statistik wird von den »alleinlebend Partnerlosen« gesprochen. Deren Zahl ist in den letzten Jahren gestiegen. Das Singleleben wird zu den nichtkonventionellen Lebensformen gezählt, weil es neuartig ist und sich historisch nicht durchgesetzt hat. Verschiedene Studien zur Bevölkerungsentwicklung gehen davon aus, dass sich die Zahl der Singles wieder verringern wird, dass es sich um ein vorübergehendes Phänomen handelt. Unabhängig davon, wie sich die Anzahl der Allein-Stehenden entwickeln wird und wie diese gesellschaftlich gesehen werden, geht es darum, diesen Menschen Aufmerksamkeit zu schenken und zu überlegen, wie sie ihr Leben bejahen, ausrichten und gestalten können.

Es gibt aber kaum Bestrebungen, über das Allein-Stehen als echte Lebensform nachzudenken. Es ist auch gar nicht einfach, die Allein-Stehenden als Gruppe zu definieren. Am ehesten könnte auf sie zutreffen, dass sie ohne (konstante) sexuelle Beziehung, aber nicht beziehungslos leben. Sie sind keine feste Bindung zu einem Menschen, einer Gemeinschaft oder Orden eingegangen.

Der Blick auf die katholische Kirche zeigt, dass sie die Unverheirateten ins Auge fasst. Mit Blick auf das Leben Jesu hat sie die Ehelosigkeit um des Himmelreiches willen institutionalisiert. Das Mönchstum und die Orden sind daraus entstanden. Die Kirche hat mit dem Priestertum einen Lebensstand für allein-stehende Männer geschaffen. Für Frauen gibt es die Möglichkeit der geweihten Jungfrau. Diese kann als Ausdruck ihrer Nachfolge Jesu vom Diözesanbischof eine feierliche Weihe empfangen. Damit stellt sie sich dem Bischof für Dienste in der Kirche zur Verfügung. Der Bischof verspricht ihr im Gegenzug geeignete Einsatzmöglichkeiten in seiner Diözese. Diese Form ist in der jüngeren Vergangenheit in den Hintergrund getreten und genießt keinen guten Ruf. Das Bild von asexuellen alten Jungfern hat sich in den Hinterköpfen eingenistet. Es gibt aber wieder Bestrebungen, diese Lebensform aufzuwerten und positiv zu sehen. In jüngster Zeit kommt eine Gruppe von Frauen, die sich aus unterschiedlichen Motiven zusammenschließen, wieder in den Blick. Sie orientieren sich am mittelalterlichen Beginentum. Sie gehen keinerlei Verpflichtung oder Bindung ein, aber stärken einander, indem sie mit oder in der Nähe von Gleichgesinnten wohnen.

Übung:
Welche Gedanken steigen in mir auf, wenn ich an meine Lebensform denke?
Stehe ich meiner Lebensform im Voraus abwertend gegenüber?
Sehe ich Möglichkeiten, sie zu würdigen?

Was die Sprache vermittelt

Ich selber bezeichne mich nie als Single. Das Wort hat für mich eine negative Konnotation. Vielleicht spielen gängige Klischees eine Rolle. Ich verbinde damit meist junge Leute zwischen 20 und 30, die sogenannt Unabhängigen, die Trendsetter, jene, die sich bewusst noch nicht binden wollen, sich zuerst selber verwirklichen. Das englische Wort »single« heißt übersetzt einzeln, einzig. Ich verwende auch das Wort »ledig« nicht. Im Wörterbuch wird es beschrieben als unverheiratet. Hier kommt die Negation eines Lebensstands ins Spiel und nicht etwas für sich Stehendes, Positives. Sie beschreibt die Abweichung vom gesellschaftlich geforderten Standard. Werde ich nach meinem Zivilstand gefragt, gebe ich »allein-stehend« an. Das hört sich für mich kraftvoll und bodenständig an: Ich habe meinen eigenen Stand. Wenn in der Statistik von »allein lebenden Partnerlosen« gesprochen wird, sind beide Geschlechter einbezogen und es wird präzisiert, dass nicht jene gemeint sind, die zwar allein in einer Wohnung leben, aber trotzdem einen Partner haben. In der französischen Sprache fällt auf, dass durch das Wort »célibataire« gleichermaßen von zölibatär Lebenden wie von Allein-Stehenden die Rede sein kann.

Übung:
Wie rede ich von mir selber – von meinem Lebensstand?
Mit welchen Worten stelle ich mich andern vor, wenn es um den Lebensstand geht?

Die Lyrikerin Hilde Domin schrieb in einem Gedicht:
»Dies ist unsere Freiheit
die richtigen Namen nennend
furchtlos
mit der kleinen Stimme.«

Herausforderungen für Allein-Stehende

Die Bibel hat Recht mit ihrer Behauptung, dass es nicht gut ist, wenn der Mensch allein bleibt. Die Bibel sagt damit aber nichts aus über die Lebensform. Es gibt Eheleute, die Bett und Tisch teilen und sich trotzdem nicht nahe sind. Es gibt Ordensleute, die, obschon eingebettet in ein Gemeinschaftsleben, vereinsamen oder sich isolieren. Umgekehrt gelingt es manchen Allein-Stehenden, dass sie in vielfältigen, verlässlichen, herzhaften und tragfähigen Beziehungen leben. Sie teilen ihren Wohnraum zwar nicht unbedingt mit anderen, aber um nicht am eigenen Leben vorbeizuleben, brauchen sie Gespräche, Kontakte, gute Bekannte und enge Freunde. Im Unterschied zu Ehe- und Ordensleuten müssen sich Allein-Stehende vielleicht mehrere »Nester« bauen, wo sie sich geborgen und angenommen fühlen. Für sie kann der Anschluss an Familien eine Wohltat sein. Hier kommen sie in Kontakt mit Kin-

dern, erhalten Einblick in die Herausforderung einer Partnerschaft und haben Anteil an Sorgen und Problemen. Umgekehrt sind aber gerade sie für Paare und Familien willkommene Gäste. Sie haben Zeit, auf die Einzelnen einzugehen. Sie sind verfügbarer und können unkomplizierter etwas abmachen oder reisen.
Ich habe sechs Geschwister, die alle in Familien leben. Niemand von ihnen ist so wie ich in der Lage, sie ausgiebig zu besuchen, bei ihnen zu übernachten, mit ihnen etwas zu unternehmen und so auch Anteil zu haben an allen. Ich spüre und freue mich darüber, dass ich willkommen bin. In diesem Punkt fühle ich mich privilegiert. Es gibt Allein-Stehende, die die Geborgenheit in der Ursprungsfamilie nicht kennen.
Die Beziehungen aber brauchen immer wieder Pflege und das heißt auch Initiative, sei es durch eine Mail, einen Brief, einen Anruf, eine SMS. Meine Erfahrung ist die, dass diese Initiative nicht immer ausgewogen von beiden Seiten kommt, dass ich es auf mich nehme, öfter diejenige zu sein, die sich meldet. Gerade da, wo kleine Kinder sind, ist das auch verständlich.
Für Allein-Stehende gibt es kein Nest, das durch Partnerschaft und Kinder gegeben ist. Beim Nachhausekommen ist die Wohnung möglicherweise leer und still. Es wartet niemand, es erzählt niemand, es braucht mich niemand. Stunden können lang und hart werden. Einsamkeit kann sich melden. Es ist eine große Herausforderung, die Freizeit, die Ferien und Festtage so zu gestalten, dass Rückzug und Gemeinschaft sich ergänzen und tragen. Für manche Allein-Stehenden ist es schwierig, Anlässe wahrzunehmen, die andere als Paar oder Familie besuchen. Da, wo getanzt wird, kann sich das Gefühl einstellen, Randfigur zu sein. Es kann hilfreich sein, sich zu überlegen, mit wem etwas für ein

Fest abgemacht werden könnte, um sich nicht deplatziert zu fühlen. Ich habe bei Einladungen zu Hochzeiten und Festen auch schon gefragt, ob ich einen zusätzlichen Gast mitbringen dürfe. Für Allein-Stehende bedeutet das, ihren Alltag und besonders ihre Freizeit dauernd zu organisieren, weil es keine selbstverständliche Gemeinschaft gibt. Die Freizeit droht zum großen Stress zu werden, weil Kontakte praktisch nur mit dem Terminkalender zustande kommen.

Für mich ist wichtig geworden, an Weihnachten meinen eigenen kleinen Kreis zu haben. Ich besuche die Familie nach den Feiertagen. An Weihnachten selber treffen wir uns zu dritt oder zu viert. Wir sprechen uns jeweils über das Essen ab, über Geschenke und über den Ablauf des Feierns. Von anderen Allein-Stehenden weiß ich, wie wichtig ihnen Orte sind, wo für die weihnachtlichen Festtage, den Jahreswechsel oder Ostern ein offenes Angebot zu diesen besonderen Tagen einlädt. Hier finden Begegnungen statt, werden Impulse für das geistliche Leben gegeben, wird Gemeinschaft erfahrbar.

Ein wichtiges Kapitel für Allein-Stehende sind die Ferien. Wer das ganze Jahr über allein lebt und sich in einem Hotelzimmer oder einer Ferienwohnung wieder alleine vorfindet, erlebt keine Unterbrechung des Gewohnten. Ferien tragen durch die Abwechslung einen andern Rhythmus zur Erholung bei. Das heißt, dass Ferien möglicherweise früher geplant werden müssen, um mit andern Datum und Ziel absprechen zu können. Für manche braucht es Mut, jemand anderen auf mögliche gemeinsame Ferien anzusprechen.

Ich habe vor einigen Jahren begonnen, mit meinen Neffen und Nichten kleine Reisen zu unternehmen. Ich schaue, welche Kinder aus den Familien sich vom

Alter her nahestehen und einen Draht zueinander haben. Ich frage sie, ob sie mit mir nach Wien reisen oder auf eine Bergtour mitkommen möchten. Ich habe noch keine Absage erlebt, weiß aber, dass die Kinder untereinander überlegen, wer als Nächstes drankommt. Diese Erlebnisse gehören zu den schönsten. Ich kann mit den Kindern unbeschwert umgehen, muss sie ja nicht erziehen. Sie genießen die Abwechslung und das Exklusive, das sie einmal nicht mit den andern Geschwistern teilen müssen.
Und schließlich ist das Thema des Krankseins oft eine große Herausforderung für Allein-Stehende. Wer kocht mir einen Tee, wenn ich dazu einmal zu schwach bin? Wer fährt mich zum Arzt, macht Einkäufe, lässt sich zu ungelegener Zeit anrufen? In diesem Punkt sind nicht vorerst die guten Freunde wichtig. Diese wohnen möglicherweise zu weit weg. Allein-Stehende brauchen nachbarschaftliche Beziehungen in dem Maß, dass solche Hilfestellungen leichten Herzens erbeten werden können.

Übung:
Welches sind für mich die Herausforderungen des Alltags?
Welchen Umgang habe ich entdeckt oder entwickelt bezüglich Freizeit, Festtagen, Ferien?

Vision einer Lebensform

Einen Partner suchen und ihn nicht finden

Suchen ist eine menschliche Eigenschaft, die nach vorne gerichtet ist. Wer sucht, der findet, heißt es in der Bibel. Wer sich aufmacht, geduldig ist, wird mit einem Resultat rechnen können. Die Bibel ist in diesem Punkt ganz eindeutig. Sie sagt nicht, wer sucht, der findet vielleicht. Sie fördert das Suchen. Es ist ein Zeichen von Lebendigkeit.

Was heißt das für diejenigen, die ihren Partner noch nicht gefunden haben? Bleibt man also ein Leben lang auf der Suche? Und wird man schließlich zum Gefangenen des Suchens? Oder aber: Wie lange soll man auf der Suche bleiben? Gibt es einen Punkt, an dem man die Suche aufgibt und aus seiner Lebensform aktiv »etwas macht«?

Ein Hindernis beim Suchen kann sein, dass die Vorstellung vom zu Findenden so fixiert ist, dass kein Platz für etwas Neues oder Anderes bleibt. Umgekehrt würde jemand einer Täuschung erliegen, der sich denkt, mit dem Finden eines Partners sei die Lebenssuche abgeschlossen. Sein Leben gestalten bedeutet, immer wieder von Neuem auf der Suche zu sein. Insofern bleibt ein Mensch suchend, unabhängig von seiner Lebensform. Das Wort des hl. Augustinus drückt diesen Zusammenhang so aus: Unruhig ist mein Herz, bis es ruht in dir.

Übung:
Wie gestaltet sich mein Suchen?
Welche Geschichte habe ich mit Suchen?

Komme ich darin aktiv vor oder nehme ich eine passive, abwartende Rolle ein?

Die folgenden Sätze von Pablo Picasso können einen andern Blickwinkel öffnen. Sie locken, das Überraschende des Findens zuzulassen:

»Suchen – das ist Ausgehen von alten Beständen
und ein Finden-Wollen
von bereits Bekanntem im Neuem.

Finden – das ist das völlig Neue!

Das Neue auch in der Bewegung.
Alle Wege sind offen
und was gefunden wird,
ist unbekannt.
Es ist ein Wagnis, ein heiliges Abenteuer!

Die Ungewißheit solcher Wagnisse
können eigentlich nur jene auf sich nehmen,
die sich im Ungeborgenen geborgen wissen,
die in die Ungewissheit,
in die Führerlosigkeit geführt werden,
die sich im Dunkeln einem unsichtbaren Stern überlassen,
die sich vom Ziele ziehen lassen und nicht
– menschlich beschränkt und eingeengt –
das Ziel bestimmen.

Dieses Offensein für jede neue Erkenntnis
im Außen und Innen:
Das ist das Wesenhafte des modernen Menschen,
der in aller Angst des Loslassens
doch die Gnade des Gehaltenseins
im Offenwerden neuer Möglichkeiten erfährt.«

Ignatianisch:
Der heilige Ignatius von Loyola lebte lange Zeit allein, bis sich ihm Gefährten anschlossen. Er war zunächst als echter Ritter mit Leidenschaft bestrebt, die Dame seines Herzens zu finden. Nach einer Kriegsverwundung und langer Zeit der Rekonvaleszenz begann sich sein Blickwinkel von weltlichen Dingen hin zu einem Leben mit Gott zu verändern. Er entdeckte etwas Neues durch die Lektüre der Evangelien und Heiligengeschichten. Sein Lebensentwurf öffnete sich dadurch wieder. Er brauchte einige Jahre Zeit, bis sich ihm die passende Lebensform erschloss.

Am Ausgang meiner eigenen Adoleszenz stand die klare Aussage: Ich werde einmal fünf Kinder haben. Ich entwickelte mich auch gezielt darauf zu. Ich hatte in der Schulzeit einen Schatz, später einen ersten Freund. Als es etwas verbindlicher wurde, bekam ich plötzlich Bauchweh. Das wiederholte sich. Ich begriff die Welt nicht mehr, aber es war klar, dass ich die Verbindung lösen musste. Und dann kam eine Freundschaft, die mit einer tiefen Verletzung abbrach und mich in Dunkelheit stürzte. Mir fehlte der Boden unter den Füßen und die Sicht auf nächste mögliche Schritte schien versperrt. Mein Vertrauen in Menschen und in Gott war erschüttert. Eine Zeit der todernsten Gespräche mit Gott folgte.
Das einschneidendste lautete: Willst du denn, mein Gott, dass ich allein bleibe? Ich weiß aber nicht, wie das geht. Das müsstest du mir zeigen. Mich führen. Und – ich will Beziehungen. Echte! Tiefe! Ich brauche Gegenüber, die mich mögen und trotzdem Widerstand leisten. Wenn das dein Wille über meinem Leben ist, dann versuche ich es.

So habe ich als 28-Jährige in einer sehr dunklen Stunde innerlich gesprochen. Die Möglichkeit, dass mein Leben seine Entfaltung nicht durch Partnerschaft und eigene Familie finden könnte, war völlig neu. Sie tauchte zu diesem Zeitpunkt überraschend auf. In diese Richtung waren die Gedanken vorher nie gegangen. Es gab auch niemanden, der als Vorbild dafür in Frage gekommen wäre. Es war Neuland, das im Denken allmählich Platz einnahm. Vorerst fremd, überfordernd, nicht meiner Vorstellung entsprechend, geschweige denn mein Wille. Aber der Gedanke erschien mir trotzdem als Variante, als mögliche Antwort auf alle Fragen nach der passenden Lebensform. Und vor allem: Das Einwilligen in dieses neu aufgetauchte Lebenskonzept vertrieb augenblicklich die Dunkelheit. Das äußerte sich vorerst darin, dass ich eine Studienarbeit, die während längerer Zeit nicht vom Fleck gekommen war, plötzlich abschließen konnte. Was der neu aufgetauchte Gedanke für das weitere Leben bedeutete, war damit bei Weitem nicht klar. Ich hatte aber eine Öffnung durch Gedankenarbeit gefunden, die mir erlaubte, kreativ auf eine ungewisse Zukunft zu blicken. Das wirkte auf mich belebend. Ja ich erlebte mein Leben plötzlich als Abenteuer. Und der für mich wichtigste Punkt war, dass es zwar zunächst um das aktiv bejahte Allein-Stehen ging, gleichzeitig aber um eine neu erlebte Beziehung zu Gott. Das Erlebnis dieses Durchbruchs verknüpfte sich mit einer unerschütterlichen Gewissheit, dass Gott in meinem Leben wirkt. Insofern trat die Beziehung zu Gott an die erste Stelle. Diese Beziehung nicht mehr zu verlieren wurde wichtiger als die Frage nach dem Partner.
Seither sind zwei Jahrzehnte vergangen mit dem ganz normalen Auf und Ab, mit neuen Herausforderungen,

Krisen und Glück. Es gab Verliebtheit und einsame Stunden. Es kamen die Kinder meiner Geschwister, die Hochzeiten von Freunden. Das alles rüttelte an mir, es erschütterte mich manchmal, aber ich fasste es jetzt als normale Herausforderung auf, mit dem Leben selber zu wachsen unter meinen eigenen Voraussetzungen. Das wachsende Gespür aber, dass es richtig ist und zu mir passt, dass ich allein-stehend bin, hat mehr und mehr Wurzeln geschlagen. Es wurde Gewissheit daraus. Diese äußert sich vor allem darin, dass ich das Allein-Stehen als eine Kraft erlebe. In der Offenheit auf Gott hin darf ich das Leben aus mir heraus wagen und gehen. Ich würde selbst dann allein-stehend bleiben, wenn ich auf einen Partner stoße. Allein-stehend sein heißt heute für mich, dass ich mein Glück nicht von einem andern Menschen abhängig mache. Ich hatte die Qualität des Allein-Stehens entdeckt und ihre auf mich entfaltende Wirkung ebenso.

Übung:
Versuche, das Unmögliche für dein Leben zu denken! Welche Gedanken hast du dir bisher nie erlaubt?
Sich zu erlauben, das Unmögliche zu denken und es dann auch zu tun, ermöglicht Entwicklung und Veränderung. Es öffnet den Raum, Wünsche und Visionen zuzulassen oder nochmals durchzudenken.

Ignatianisch:
Ignatius von Loyola hat durch die einschneidende Erfahrung als Kriegsversehrter begonnen, sein Leben an Jesus und großen Heiligen zu orientieren. Er entdeckte, welch wichtige Rolle der Kontakt zur eigenen Sehnsucht dabei spielt. Als er darin schon einige Jahre Erfahrung hatte, begann er, andere Menschen im geist-

lichen Leben zu begleiten. Daraus ist ein Übungsweg entstanden, der seither Menschen anspricht und anleitet, auf dem eigenen Weg eines erwachsenen Glaubens voranzuschreiten. Ein wichtiger Aspekt seiner Spiritualität ist die konkrete Anleitung, wie der Mensch seinem Leben entsprechend beten kann. Am Beginn einer jeden Gebetszeit, so ermuntert Ignatius, soll der Mensch den Kontakt zu seiner tiefsten Sehnsucht suchen und diese Sehnsucht danach vor Gott in Worte fassen. Wie heißt die tiefe Sehnsucht, die ich Gott heute hinhalten möchte?

Umgang mit Leiblichkeit und Sexualität

In einem Buch für Allein-Stehende darf der Bereich über den Umgang mit dem Leib, der Sinnlichkeit und der Sexualität nicht fehlen. Es braucht diesbezüglich ein genauso behutsames Hinschauen wie in der persönlichen Frage nach Gott oder dem eigenen Glauben. Allein-Stehende sind in eigener Weise gefordert, sich als Menschen mit Leib, Geist und Seele zu sehen und zu entwickeln. Es braucht die begleitende Frage oder Suche, wie ich als Mensch ganz sein oder werden kann, wenn nicht alle Bedürfnisse gelebt oder befriedigt werden.

Der wichtigste Punkt, so scheint mir, ist das Eingeständnis, sich als bedürftiger Mensch wahrzunehmen, als Mensch mit Wünschen, mit Sehnsucht, als Wesen mit ungestillten Bedürfnissen, mit unerfüllter Sehnsucht. Es geht gerade nicht darum, sich beispielsweise durch Verdrängung des Verlangens nach Zärtlichkeit, der Wahrnehmung eigener Lust, des Wunsches nach sexueller Begegnung zu entledigen. Ein Mensch muss sich zunächst gewahr werden dürfen mit seinen tiefsten und größten Kräften, sich mögen und sogar annehmen als Wesen mit Bedürftigkeiten, mit Sehnsucht, mit Verlangen. Dazu gehören Erfahrungen und die Reflexion. Erfahrung zum Beispiel mit sich selber, mit dem Streicheln, dem Kennenlernen des eigenen Körpers und seiner lustvollen Reaktionen. Es braucht dann gleichermaßen diesbezügliche Reflexion mit der Frage nach dem Maß oder den Gedanken, die begleitend auftauchen. Ich darf mich beispielsweise nicht damit täuschen, dass ich alle meine Bedürftigkeiten selber stillen kann. Eine Umarmung ist nicht ersetzbar. Liebkosung ist das Geschenk zweier Liebender.

Für mich selber waren die Jahre als junge Erwachsene wichtig und nötig, in denen ich das Annehmen meiner Leiblichkeit erlernte. Sport hat mich immer begleitet, Joggen oder Schwimmen, Wandern, Langlaufen. Ganz wichtig aber waren Erfahrungen mit Tanz- und Kontaktimprovisation oder einige Lektionen im Tangotanz. Der Kontakt zu anderen, Nähe und Distanz, Leidenschaft, die sich über Musik ausdrücken konnte, bekamen hier geregelten Raum. Später waren Gesangsstunden ein ganzheitlicher Zugang und eine leibliche Ausdrucksmöglichkeit. Ich liebte es, massiert zu werden und es auch anderen zu gönnen. Viele Menschen können im Umgang mit Tieren, zum Beispiel beim Reiten oder beim Streicheln einer Katze, intensiv ihre Sinnlichkeit erleben und damit etwas abdecken, was ihnen in partnerschaftlicher Nähe nicht möglich ist.

Im Umgang mit der eigenen Leiblichkeit zeigt sich für Allein-Stehende, dass es durchaus Bereiche gibt, die Aspekte des Menschen als sexuelles Wesen abdecken, und andere, die ganz klar unerfüllt bleiben.

Übung:
Welche Geschichte habe ich mit meinem Leib?
Mag ich mich in ihm?
Welche Möglichkeiten habe ich oder gäbe es, mich als leibliches und sexuelles Wesen mehr annehmen und schätzen zu lernen?

Ignatianisch:
Ein einfaches, aber großes Wort von Ignatius, das auf den Nenner bringt, worum es ihm geht, heißt: Gott in allen Dingen suchen und finden.
Es gibt keinen Bereich des Menschen, nichts Menschliches, das nicht mit Gott in Zusammenhang gesehen werden könnte. Gott ist der Schöpfer des ganzen Menschen. Gott liebt das Ganze und den ganzen Menschen. Gott wünscht sich den Menschen als einen, der sich aufmacht, um ganz zu werden. So darf Gott in Verbindung auch mit der menschlichen Leiblichkeit, mit seiner Sinnlichkeit, mit seiner Lust, mit der ganzen Sexualität gesucht und gefunden werden.

Als Allein-Stehende fruchtbar werden

Allein-Stehen kann eine echte und gute Lebensform sein, für manche eine Berufung, eine Möglichkeit, das Leben fruchtbar zu gestalten, eine Weise, erfüllt zu leben. Eine Leserin dieses Buchmanuskriptes, eine verheiratete Frau, drückte es so aus: Es ist Gold wert für die Gesellschaft, dass es diese Menschen gibt. Ihr Beitrag, ihre Art mitzudenken, zu gestalten, verfügbar zu sein, ist sehr kostbar. Es sind andere Bezugspersonen, sie leben aus einem anderen Hintergrund heraus und bringen andere Sichtweisen ein.
Es gibt Lebensbeispiele von Menschen in verschiede-

nen Berufen, die Großes beitrugen für die Anliegen der Welt: der hl. Paulus als Missionar des Glaubens an Christus, Dag Hammerskjöld als Generalsekretär der UNO, Madeleine Delbrêl als Sozialarbeiterin im kommunistischen Paris, Simone Weil als Denkerin in Politik und Religion – um nur einige wenige zu nennen. Mein eigener Weg führte nach dem Theologiestudium in den kirchlichen Dienst. Ich konnte als Pastoralassistentin in verschiedenen Bereichen der Seelsorge mitwirken. Dabei machte ich die Erfahrung, dass diese Aufgaben mich zwar sehr beanspruchten, aber gleichzeitig aus tiefstem Herzen zufrieden werden ließen. Ich konnte für Gott und für die Menschen leben und meine Fähigkeiten fruchtbar werden lassen. Dabei kristallisierte sich das Anliegen heraus, mehr und mehr für die Geistliche Begleitung von Einzelnen zur Verfügung zu stehen und später auch Exerzitien mit zu leiten. Durch verschiedene Ausbildungen hindurch und eigene Exerzitien kam ich immer stärker in Berührung mit der ignatianischen Spiritualität. Am Anfang standen Exerzitien im Alltag. Sie ermöglichten erste Erfahrungen, nach der Anleitung von Ignatius mit der Heiligen Schrift persönlich umzugehen und von ihr her beten zu lernen. Das war eine beglückende Entdeckung. Die methodischen Schritte von Ignatius erlebte ich als Geländer, durch die der Mensch in Berührung mit dem Geheimnis von Gott kommen kann. Es sind die eigenen Wahrnehmungen, Gedanken und Gefühle, die durch diese Methode angesprochen werden. Ich lernte, auf welche Weise sich von innen her ein Bibeltext aufschließen konnte und wegweisend wurde. Weitere Elemente von Exerzitien sind der Austausch im Geistlichen Begleitgespräch und die Gemeinschaft mit Menschen auf dem gleichen Weg in gemeinsamen Ge-

betszeiten oder der Eucharistiefeier. Im Zentrum der ignatianischen Spiritualität steht der einzelne Mensch als Individuum. Sie richtet sich danach aus, dass der Mensch in Beziehung zu seinem Schöpfer sich immer mehr entfalten darf, um immer mehr ein »einig Wesen« (Aussage vom hl. Bruder Klaus) zu werden.
Meine Arbeit als Seelsorgerin der katholischen Kirche, wozu in den letzten zehn Jahren die Leitung eines großen Studentenhauses gehörte, Geistliche Begleitung und die Leitung von Exerzitien, erlebte und erlebe ich als Ort der Fruchtbarkeit. Es ist nicht die unmittelbare Familie, für die ich Verantwortung übernehme, aber für viele verschiedene Menschen kann ich etwas Wichtiges auf einem Wegstück ihres Lebens vermitteln.

Übung:
Welches sind meine großen und kleinen Fähigkeiten?
In welchem Bereich bin ich fruchtbar?
Wo spüre ich, dass meine Fruchtbarkeit wachsen möchte?
Vorschlag: Ein großes Blatt (mindestens A3) nehmen und alle Haupt- und Nebentätigkeiten des gesamten Lebens aufschreiben. Nicht nur Berufe und Ausbildungen, sondern auch z.B. »ältere Schwester«, Klassensprecherin, kleines Amt im Gesangsverein etc. Dann zu jeder Tätigkeit aufschreiben, welche Fähigkeit sich dabei manifestiert hat.

Ignatianisch:
Ein Wort, das die ignatianische Spiritualität kennzeichnet, ist das *magis*. Es ist der lateinische Ausdruck für »mehr«. Ignatius geht davon aus, dass viele Menschen sich gern zu klein denken. Er lässt darum darüber nachdenken, wie der Mensch dazu kommen kann,

mehr zu lieben, seine Fähigkeiten besser einzusetzen, sein Selbstvertrauen tiefer in Gott zu verankern. Es geht ihm aber nicht darum, größere ökonomische Resultate zu erzielen, sondern den Menschen versöhnter und zufriedener werden zu lassen.

Mein Herz ist die Zelle, die Welt das Kloster

Die Überlegung, in ein Kloster einzutreten, hat meinen eigenen Weg lediglich gestreift. Das geistliche Leben hingegen, die Frage, wie ich zu einem erwachsenen und lebendigen Glauben finden kann, beschäftigte mich sehr. Angestoßen wurde meine Suche durch die Begegnung mit den Armen in Nordostbrasilien. Zu Gast in kirchlichen Gemeinschaften erlebte ich, wie ungebildete Frauen und Männer in einer persönlichen und freien Art von ihrem Glauben sprachen. Ich fühlte mich damals beschämt. Ich spürte, dass ein Punkt in mir angesprochen wurde, dem ich mich nicht mehr gewidmet hatte. Ich musste mir eingestehen, dass ich das Wort »Gott« nicht mehr in den Mund nehmen konnte. Ich spürte ein Drängen, mich dieser Tatsache zu stellen. Durch das Studium der Theologie und vor allem durch Exerzitien und Geistliche Begleitung wurde mein Kinder- und Jugendglaube zunächst erschüttert, dadurch aber auch bereitet für die vertiefte Gottesbeziehung. Ein wichtiges und einschneidendes Erlebnis ergab sich aus dem Leiden an einer Beziehung. Die Zwiesprache mit Gott hatte damals einen anklagenden Charakter. Ich verstand Gott nicht. Ich meinte, bessere Lösungen für mein Leben zu kennen, als ich es real erlebte. In dieser Zeit stand ich oft an einem See und beobachtete die Schwäne. Ihre Ruhe faszinierte mich, auch ihre Unantastbarkeit. In diesem Zusam-

menhang, wieder einmal hadernd mit Gott im Gespräch, tauchte ein Satz auf wie aus dem Nichts. Er lautete: Ich bin ein Schwan und du suchst mich nach deinem Willen zu gebrauchen.
Ich verstand den Satz augenblicklich. Ich hatte Gott in meinem Denken und Fühlen nach meinem Willen und meinen Vorstellungen eingesetzt. Ich hatte Gott nicht Gott sein lassen, sondern ihn für meine Zwecke einspannen wollen. Der eigentümliche Satz traf mich wie ein Blitz. Er öffnete mein Herz für eine andere, freiere Beziehung zu Gott. Ich musste Gott anders sein lassen, als es meine Gedanken und Wünsche zusammenzimmerten. Eindrücklich bleibt mir bis heute, dass Gott aber auf meine Auseinandersetzung einging. Er fand einen Weg, mich zu finden und mir zu zeigen, wohin ich mich verirrt hatte.
Diese Erfahrungen lehrten und zeigten mir, wie Gott mitten in der Welt, irgendwo, überall das Herz des Menschen treffen und finden kann. Das menschliche Herz ist die Zelle für die Begegnung mit Gott. Die Welt, das persönliche Engagement, die eigene Aufgabe, Verantwortung und Hingabe kann für Menschen das Kloster sein, wo sie sich zur Verfügung stellen. Das heißt für mich, dass Allein-Stehende ihre Lebensform als echte Berufung, als geistliche Lebensform in der Nachfolge sehen, verstehen und leben dürfen.

Übung:
Ich schaue das Bild, das sich in mir von Gott festgesetzt hat, an. Welche Eigenschaften schreibe ich ihm zu?
Wo halte ich Gott »gefangen« durch meine Art zu denken?

Ignatianisch:
Ein Kernanliegen ignatianischer Spiritualität ist die Hinführung der Menschen zu größerer Entschiedenheit. Sie bringt ins Bewusstsein, dass der Alltag aus kleinen und größeren Entscheidungen besteht. Sich entscheiden kann als dauernde Herausforderung wahrgenommen werden. Sich entscheiden macht deutlich, wie der Mensch sein Leben mitgestalten kann. Sich entscheiden zu müssen oder zu dürfen prägt jeden kleinen Tag. Der Mensch kann nicht anders, als dauernd mit Entscheidungen zu leben, denn auch das Sich-nicht-Entscheiden ist letztlich eine Entscheidung.
Der hl. Ignatius hat durch seine Geistlichen Übungen ein sehr differenziertes Instrument geschaffen. Er kennt Hilfen und Methoden, zu Entscheidungen zu kommen, besonders wenn es um solche geht, die lebensbestimmend sind. Darunter fällt vor allem die Wahl der eigenen Lebensform. Ignatius geht davon aus, dass die persönlich gefällte Entscheidung für eine Lebensform den Menschen frei macht. Die bewusste Wahl der Lebensform, wie auch immer sie aussehen mag, ist ein Fundament, von dem aus sich der Mensch weiterentwickeln kann.

Jesus – der Allein-Stehende

Die Lebensform Jesu im Blick

Jesus war kein Priester im heutigen Sinn. Er war kein Ordensmann und er war nicht verheiratet. Jesus war allein-stehend. Diese Feststellung wirkte auf mich erfrischend. Jesus wird für vieles herangezogen, was in der katholischen Kirche Stand, Rang und Tradition hat. An ihm wird abgeleitet, was Frau und Mann im kirchlichen Dienst darf oder nicht. Dass Jesus aber gerade bezüglich seiner Lebensform nicht einzuordnen ist, weil er alleine blieb, diese Tatsache tut mir schlicht wohl. Allerdings muss ich gleich hinzufügen, dass viel deutlicher als seine Lebensform seine Bezogenheit zu Gott, seinem Freundeskreis und zu irgendwelchen Menschen, denen er begegnet, in den Vordergrund rückt. Liest man die Evangelien, wird ersichtlich, dass Jesus genau in dieser Reihenfolge seine Beziehungen lebte. An erster Stelle nennt er seinen Vater. Ohne ihn kann er nichts tun, betont er im Johannesevangelium (Joh 5,19). Ohne Verbundenheit mit Gott findet er seine Jünger nicht und kann nicht heilsam wirken für Menschen, die ihn suchen. Sein ganzes Leben, seine ganze Hingabe wird nur aus seiner Gottbezogenheit verstehbar.

In diesem Sinn bietet sich das Leben Jesu als Modell für Menschen an, die ihr Leben als Allein-Stehende bejahen und festigen möchten. Um beziehungsfähiger zu werden, um zu wachsen, ja um in anderer Weise als durch Kinder fruchtbar zu werden, spricht Jesus als erste und wichtigste Beziehung die Gottesbeziehung an. Für uns kann das genauso gut der Blick auf Jesus selber sein. Wir können in den Evangelien seinen Spuren folgen, schauen, wie er sich gibt, wie er spricht, wie er handelt. Wir können überlegen, wie sich die Menschen ihm gegenüber verhalten und was die Begegnung mit ihm bei ihnen auslöst. Wir können, wenn wir nicht geübt sind im Lesen der Bibel, ganz kleine Abschnitte auswählen und nachspüren, wie die Geschichte ankommt. Wir können uns vorstellen, wie es wäre, wenn ich Jesus begegnete, von ihm angesprochen, ernst genommen würde. Und schließlich dürfen wir zu Jesus sprechen, auch zu ihm »du« sagen, ihm unser Herz ausschütten, bitten, fragen und in die Stille hineinhören, was er sagen möchte. Jesus kann, durch stetige Zuwendung oder Beschäftigung, zu einem Begleiter werden, der ermutigt und stärkt.

Übung:
Anhand des folgenden Textes aus dem Markusevangelium und der Impulsfragen kann ich mich Jesus zuwenden. Ich lese den Text mehrmals und langsam durch. Danach kann ich versuchen, mit geschlossenen Augen die Geschichte wie einen Film geschehen zu lassen.

»Jesus verließ das Gebiet von Tyrus wieder und kam über Sidon an den See von Galiläa, mitten in das Gebiet der Dekapolis. Da brachte man einen Taubstummen zu Jesus und bat ihn, er möge ihn berühren. Er nahm ihn beiseite, von der Menge weg, legte ihm die Finger in die Ohren und berührte dann die Zunge des Mannes mit Speichel; danach blickte er zum Himmel auf, seufzte und sagte zu dem Taubstummen: Effata!, das heißt: Öffne dich! Sogleich öffneten sich seine Ohren, seine Zunge wurde von ihrer Fessel befreit, und er konnte richtig reden. Jesus verbot ihnen, jemand davon zu erzählen. Doch je mehr er es ihnen verbot, desto mehr machten sie es bekannt. Außer sich vor Staunen sagten sie: Er hat alles gut gemacht; er macht, dass die Tauben hören und die Stummen sprechen« (Mk 7,31–37).

Wie kommt mir Jesus entgegen? Wie wirkt seine Art auf mich?
Wie empfinde ich die Begegnung zwischen dem Taubstummen und Jesus?
Wo finde ich mich wieder in diesem Geschehen? Was berührt mein Inneres? Welche Empfindungen werden wachgerufen? Was löst bei mir Widerstand aus?

Ignatianisch:
Ignatius empfiehlt Menschen, die einen eigenen inneren Weg gehen wollen, das persönliche Sprechen mit Gott oder Jesus. In keinem Gebet, in keiner Bibelbetrachtung soll es fehlen. Immer soll es dieses einfache Sprechen von Du zu Du, von Herz zu Herz geben. Ich darf wie mit einem guten Freund reden, am besten in einfachen Worten. Menschen, denen ich solches Sprechen zum Ausprobieren anbiete, empfinden es am Anfang befremdlich. Das ist ganz normal. Jede Beziehung, auch diejenige zu Menschen, braucht Zeit, um vertrauter und inniger werden zu können.

Übung:
Ich versuche ein solches Gespräch mit Jesus z. B. in Bezug auf den gelesenen Bibeltext mit dem Taubstummen. Was möchte ich Jesus sagen? Was ihn fragen? Ich darf alles sagen, muss mich nicht zensieren oder mit besonders gewählten Worten sprechen. Am besten ist es, wenn es »frisch von der Leber weg« gelingt.

»Wachse, Jesus,
wachse in mir.
In meinem Geist, in meinem Herzen,
in meiner Vorstellung, in meinen Sinnen.
Wachse in mir in deiner Milde, in deiner Reinheit,
in deiner Demut, deinem Eifer, deiner Liebe.
Wachse in mir
mit deiner Gnade, deinem Licht und deinem Frieden.
Wachse in mir
zur Verherrlichung deines Vaters,
zur größeren Ehre Gottes.
Amen.«

(Pierre Olivaint)

Dem Leben Jesu entlangdenken

Ignatius hat in dunklen Stunden entdeckt, wie stärkend die Betrachtung des Lebens von Jesus auf ihn wirkte. Darüber hinaus wurde ihm bewusst, dass er sich selber immer besser kennenlernte. Er hat aus dieser Übung so viel Kraft gezogen, dass es zu seinem Anliegen wurde, andere darin zu unterrichten. Am liebsten wäre es ihm gewesen, wenn er im Land, wo Jesus gelebt hatte, seine Arbeit hätte verrichten können, denn er wollte mit allen Sinnen die Welt Jesu erleben und in sie eintauchen.

Im Folgenden bietet es sich anhand einiger Bibeltexte, die wichtige Stationen in der Biographie von Jesus widerspiegeln, an, die Weise des Ignatius kennenzulernen und dadurch sich selber in Beziehung zu Jesus zu erleben. Wichtige Teile der eigenen Biographie können durch Jesus als Gegenüber beleuchtet werden.

Zunächst wird beschrieben, welcher Umgang mit Texten aus der Bibel dazu hilfreich ist. Danach folgen die

Bibelstellen und einige Bemerkungen zu ihrem Inhalt. Es ist sinnvoll, sich zunächst dem Bibeltext zuzuwenden und erst danach die inhaltlichen Impulse zu lesen.

Umgang mit einem Bibeltext (etwa zehn Minuten):

- Ich lese den Text mehrmals, langsam, aufmerksam, einmal vielleicht auch laut.
- Ich lasse den Text nachklingen, frage mich, an welcher Stelle ich hängenblieb, was mein Interesse weckt.
- Ich male mir die Szene mit allen Beteiligten, der Landschaft innerlich aus, lasse dabei meine Phantasie walten und sehe mir die Geschichte als kleinen Film an.
- Ich lasse etwas Stille zu, verweile.
- Ich lese den Impuls zur Bibelstelle.
- Ich horche in die Stille hinein: Was kommt mir entgegen? Was spüre ich in meiner Tiefe?
- Ich spreche mit Jesus über das, was diese Übung bei mir bewirkt hat.

Lk 2,1–20: Der Anfang war nicht ideal

Die Weihnachtsgeschichte ist vielen vertraut. Beim Hören oder Lesen können Bilder wach werden von eigenen Erinnerungen mit dem Fest: Düfte, Kerzenschein, vertraute Lieder. Wer die Geschichte von der Geburt Jesu mit nüchternem Blick liest, wird feststellen, dass seine Ankunft nicht ideal war. Und doch geht ein Glanz von der Geschichte aus. Der Himmel bricht in Jubel aus und ein paar wenige Menschen erkennen, welche Gnade in diesem Neugeborenen zur Welt kommt.

Inwiefern kann ich diesen Gedanken auf mich übertragen: die Umstände meiner Geburt und meiner

Kindheit sind vielleicht nicht ideal, aber jedes Kind ist ein Geschenk Gottes. Wie wirkt dieser Gedanke auf mich?

Lk 2,21–34: Eingebunden in die Religion
Die Eltern Jesu tun, was alle jüdischen Eltern getan haben. Sie lassen das Kind beschneiden und geben ihm einen Namen. Später bringen sie den Säugling in den Tempel, um Gott für dieses Geschenk zu danken. Ein Greis lobt Gott, als er das Kind in den Armen hält. Er segnet es und auch seine Eltern.
Diese Geschichte kann an die eigene Taufe erinnern. Im Taufritus wird das Kind gesegnet. Er bringt zum Ausdruck, dass das Kind von Gott kommt und niemals von ihm getrennt werden kann. Wie begegne ich diesem Gedanken: Über meinem Leben liegt ein Segen. Gottes Zusage zu meinem Menschsein ist unwiderruflich. Wenn ich eine Taufkerze besitze, kann ich sie für mich anzünden und dem Gedanken Raum geben, dass ich von Gott geliebt bin und es auch immer sein werde.

Lk 2,41–52: Erwachsen werden
Mit zwölf Jahren gehört ein jüdischer Junge zu den Erwachsenen. Der junge Jesus entdeckt durch die Gespräche mit den Religionsführern, dass in Gott eine andere Vaterschaft zu finden ist. Seine Auseinandersetzung mit den Eltern wird unausweichlich.
Ich kann mich der Zeit zuwenden, in der ich mich mit der Kirche, mit dem überlieferten Glaubensgut, mit meinem Gottesbild kritisch auseinanderzusetzen begann. Es gibt und braucht auch eine Art Pubertät im Glauben. Der übernommene Glaube will durchleuchtet, erweitert und erwachsen werden. Aus der Zeit

meiner eigenen Auseinandersetzung ist der folgende Text entstanden.
»Die Truhe meines Glaubens war einst mit hübschen Gegenständen verstellt. Ich öffnete sie kaum, weil ich so vieles von ihr hätte wegräumen müssen.
In der Truhe meines Glaubens lagerten Dinge, die ich längst vergessen hatte. Sie schien mir unpraktisch und stand mir eines Tages im Weg.
Die Truhe meines Glaubens, deren Dunkel ich stets etwas fürchtete, deren Tiefe mich überforderte – diese Truhe ließ ich umbauen. Der Schreiner schnitt die Vorderseite auf und leimte den Deckel fest. Im Innern entstanden Fächer.
Jetzt öffne ich sie regelmäßig. Guter Wein lagert in ihr.«

Lk 5,1–11: Auf der Suche nach Freunden (Jüngerberufung sucht Entschiedenheit)
Jesus hatte eine Art, Menschen in ihrem Wesenskern zu berühren. Sie hingen ihm an den Lippen. Ebenso vermochte er die Fischer in einer Situation zum Handeln zu bewegen, wo sie bereits aufgegeben hatten. Wer sich, wie diese Fischer, trotz allem auf Jesu Wort einlässt, scheint auch das Interesse von Jesus geweckt zu haben. Solche Menschen werden seine engsten Freunde. Sie will er um sich haben, sie ruft er zu einer neuen Entschiedenheit auf. Sie sollen mit ihm gehen.
Wie geht es mir mit Jesus? Was löst die Vorstellung aus, dass er um meine Freundschaft wirbt und meine Entschiedenheit herausfordert?

Mt 20,20–28: In Auseinandersetzung mit seinen Freunden
Es wirkt auf mich peinlich, wenn eine Mutter für ihre erwachsenen Söhne spricht, obwohl sie bestimmt das Beste für sie will. Jesus geht nicht auf die Frau ein. Er

spricht die Männer direkt an. Darauf aber geraten die Freunde Jesu untereinander in Streit. Er streitet nicht mit. Er macht verständlich, dass das Leben aus dem Glauben heraus nicht mit weltlichen Maßstäben übereinstimmt.
Wie verhalte ich mich, wenn es um Konflikte mit den Eltern geht? Kann ich mich von Freunden herausfordern lassen? Von wem nehme ich Kritik an? Wer ist für mich heilsame Herausforderung?

Lk 5,15–16: Was Jesus braucht
Jesus ist von vielen gefragt. Er lässt sich ein, er zieht sich aber auch zurück. Er kann Grenzen setzen. Er weiß, dass seine Kraft nicht aus ihm, sondern in Verbindung mit Gott heilsam ist. Er braucht die Einsamkeit, um sich zu sammeln und danach wieder für neue Aufgaben bereit zu sein.
Was brauche ich, um meine Kraftquelle in Verbindung mit Gott zu spüren? Wo und wann räume ich mir Zeit ein, um zu beten?
Ignatius weiß, dass es im Alltag nicht einfach ist, für das Gebet Zeit auszusparen. Er sagt aber, dass ein Gebet pro Tag nie fehlen sollte: das Examen. Es ist auch bekannt unter dem Namen »Gebet der liebenden Aufmerksamkeit«. Bevor ich mich schlafen lege, soll ich mir einige Minuten Zeit nehmen, um auf den Tag zurückzuschauen. Wichtig ist, dass ich es mit einem gütigen Blick tue. Ich soll nicht bewertend sein, sondern liebevoll und nüchtern betrachten, wie der Tag war. Dieses Zurückschauen kann ich mit einem Gespräch mit Jesus abschließen: danken, klagen, fragen, loben.

Mt 14,22–33: Wie Jesus ermutigt zu vertrauen

Ein Kennzeichen von Jesus ist, dass er das Vertrauen der Menschen stärken, ja weiten will. Vertrauen ist für ihn gleichbedeutend mit glauben. Er zeigt auf, wie das gelingen kann: Petrus ist es möglich, etwas vorher Undenkbares zu schaffen, solange er sich fest an Jesus orientiert. Wenn er sich mit seinen Ängsten befasst, ist es unmöglich.

Wie kann ich im Alltag vertrauensvoll leben? Die Ausrichtung auf die begleitende Kraft von Jesus oder von Gott ist eine große Hilfe. Schon die Anrufung Gottes kann helfen, z. B. mit dem Psalmvers: O Gott, komm mir zu Hilfe. Herr, eile mir zu helfen. Der Rückzug ins Gebet hilft, sein Herz in Gott und nicht in den Ängsten festzumachen.

Mk 15,20b–37: Hingabe – die Erfüllung des Lebens

Jesus ist von den Mächtigen in Religion und Politik festgenagelt worden an bestimmte Aussagen, mit denen er seine Beziehung zu Gott beschrieb. Er war ihnen nicht geheuer in seiner Kraft, Menschen anzusprechen und sie in ihrer Tiefe zu erreichen. Sie griffen zu Spitzfindigkeiten, um ihn der Gotteslästerung zu bezichtigen. Jesus hat seine Aussagen, dass es ihm um Gottes Liebe und nicht um menschliches Ansehen geht, nie zurückgenommen. Er blieb seiner Lebensbotschaft treu und hat Schmach, Folter, Verleumdung und schließlich den gewaltsamen Tod am Kreuz auf sich genommen. Die Treue zu seinem Lebenszeugnis blieb ohne Wenn und Aber. Dass sein Leben durch zwei Jahrtausende hindurch für viele Menschen zu einem Dreh- und Angelpunkt wurde, zeigt, wie die Hingabe aus Liebe zu Gott zeitlos bleibt und das Leben erfüllt.

Welche Werte sind mir heilig? Hinter welche Überzeugung versuche ich nicht zurückzugehen? Ich kann mir meinen eigenen Tod vorstellen, wie ich dann vor Gott stehe und auf mein Leben zurückschaue. Was möchte ich dann gelebt, bezeugt, verwirklicht haben?

Allein-Stehen als geistlicher Weg

Auch ohne Partner ein buntes Leben in Beziehungen

In Beziehung zu mir selber

Es gab eine Zeit, in der mir klar wurde, dass ich das Gebot von Jesus – liebe deinen Nächsten wie dich selbst – umdrehen musste. Ich hatte festgestellt, dass ich dazu neigte, mich an Aussagen oder der Meinung anderer zu orientieren und mich selber nur vage oder gar nicht ins Spiel zu bringen. Ich fühlte mich zwar sicher in dieser angepassten Haltung, gleichzeitig musste ich mir eingestehen, dass auch Feigheit mitspielte. Ich wollte mich vor Kritik bewahren, ich fürchtete, nicht genug Anerkennung zu erhalten und zu wenig geliebt zu werden. Bestimmt spielte auch mit, dass ich nicht wusste, wie weit ich meinen eigenen Impulsen, meiner Intuition trauen sollte. Weil ich mich aber nicht mehr wohl fühlte in meiner Haut, wusste ich, dass eine Veränderung anstand. Mein Übungsfeld hieß fortan: Liebe dich selber, so gut du kannst, nur so kannst du auch andere lieben.

Übung:
Was könnte das konkret heißen, mich selber zu lieben? Ich suche nach eigenen Sätzen mit folgender Übung, die den Charakter einer Litanei hat:

- Ich setze mich an einen ungestörten Ort, wo ich mir Gott liebevoll anwesend vorstelle.
- Ich spreche still oder leise »Ich liebe mich selber, indem ich …«

- Ich lasse einen ersten Satz aus der Tiefe kommen.
- Und ich wiederhole diese Übung, schaue, was sich alles aus mir herauskristallisiert.
- Abschließend lasse ich das Gesagte nachwirken.

Auch in Geistlichen Begleitgesprächen ist die Beziehung zu sich selber ein Thema. Ein Mensch, der sich mit dem Leben und sich selber auseinandersetzt, kommt an den Punkt, wo er auf seine Einseitigkeiten stößt. Das ist nicht angenehm, ja kann sogar als schmerzlich empfunden werden. Oft taucht in diesem Zusammenhang die Frage auf, ob es nicht zu egozentrisch ist, sich ausführlich mit sich selber zu beschäftigen. Oder es tauchen Ängste auf vor weiteren Facetten, die hochkommen könnten. »Was ich nicht weiß, macht mich nicht heiß«, lautet ein bekanntes Sprichwort. Es trifft zu, wenn dieses sich auf Geschichten und vor allem auf den Klatsch über andere bezieht. Was aber das eigene Leben betrifft, könnte es fatal sein. Über sich selber besser Bescheid wissen, sich über eigene Muster, Verhaltensweisen oder Erfahrungen klarer zu werden, wirkt immer wieder entlastend und befreiend. So darf und soll ich in Beziehung zu mir sein: über das Nachdenken, über die Erinnerung, über die Wahrnehmung und über den Austausch mit andern, über das sinnliche Erspüren meines Leibes auch.

Ignatianisch:
Die Geistliche Begleitung ist eine gute Form, das Nachdenken über sich selber anzuregen. Sie ist ein kostbares Werkzeug aus der ignatianischen Tradition. Wer nur alleine über sich nachdenkt, kann Gefahr laufen, sich etwas vorzumachen oder im immer gleichen Kreise zu drehen. Das Zuhören und Nachfragen von

einem Menschen, der geübt ist in solchen Begleitgesprächen, unterstützt zum Beispiel den Mut, auch das Unmögliche zu denken. Das größte Gut der Begleitgespräche ist die Offenheit auf Gottes Geist hin. Der Geistliche Begleiter ist ein im Glauben verwurzelter Mensch, der gut zuhören kann und weiß, dass Gottes Geist wirken und einem Menschen zu tieferer Einsicht verhelfen wird.

Manchmal ist ein Tagebuch der Beginn und eine Hilfe, sich selber ernster zu nehmen. Etty Hillesum hat ihres mit folgenden Worten begonnen: »Also dann los! Dies ist ein peinlicher und kaum zu überwindender Augenblick für mich: mein gehemmtes Inneres auf einem unschuldigen Blatt linierten Papiers preiszugeben. Die Gedanken sind manchmal so klar und hell in meinem Kopf und meine Gefühle so tief, aber sie aufzuschreiben will mir noch nicht gelingen. Hauptsächlich liegt es, glaube ich, am Schamgefühl. Große Hemmungen, getraue mich nicht, die Gedanken preiszugeben, frei aus mir herausströmen zu lassen, und doch muss es sein, wenn ich auf die Dauer das Leben rechtschaffen und befriedigend zu Ende bringen will.«[1]
Ziel der Beziehung und des guten Umgangs mit sich selber ist Zufriedenheit. Das heißt nicht, dass alles perfekt und ideal sein oder werden muss. Zufriedenheit hat viel damit zu tun, wofür ich mir Erlaubnis gebe: bei mir selber zuhause sein, mich wohl fühlen in meiner Haut, Freude haben an der eigenen Wohnung, mir wohl gesinnt sein, mir etwas gönnen. Der bekannte Komiker Karl Valentin wird diesbezüglich gern zitiert. Er sagte: Heute Abend besuche ich mich selber. Hoffentlich bin ich zu Hause.

Übung:
Ich schaue mir meinen Wohnbereich an. Gefällt mir meine Ordnung? Habe ich mich so eingerichtet, dass es zu mir passt? Ist es mir wohl bei mir zu Hause, so dass ich andere gerne einlade? Was möchte ich verändern?

Übung:
Ich schaue meine innere Wohnung an. Welche Zimmer gibt es in meiner Seele? Welche betrete ich gerne? Welche lasse ich verschlossen? Wo möchte ich ein Fenster öffnen, um Licht und Luft hereinkommen zu lassen? Gibt es ein Kellerabteil, das ich entrümpeln möchte?

In Beziehung zu andern

Liebe deinen Nächsten wie dich selbst. Pflege die Beziehung zu andern wie zu dir selbst. Die Aufforderung von Jesus, zu lieben, kommt mathematisch gesehen einer Gleichung nahe. In dem Maße, wie ich andere mag und zu ihnen in Beziehung stehe, in dem Maße tue ich es mir selber gegenüber. Ich täusche mich, wenn ich denke, andere viel besser lieben zu können als mich selber. Ich mache mir etwas vor, wenn ich mir sage, es genüge, zu andern gut zu sein, es mir selber gegenüber aber nicht sein kann.
Unter diesem Blickwinkel, dass die Beziehungsfähigkeit zu sich selber und zu andern miteinander verknüpft ist, können die Beziehungen wachsen. Sei es, dass ich meine Begabung, für andere da zu sein, auf mich selber übertrage. Sei es, dass ich durch den Mut, zu mir selber zu stehen, auch auf andere mutiger zugehe, ihnen zuhöre, nachfrage, Anteil nehme.

Die Beziehung zu andern ist nicht nur für Allein-Stehende lebenswichtig. Jeder Mensch braucht Bestärkung, Anerkennung und Zuspruch, aber ebenso wichtig ist Auseinandersetzung und weiterführende Kritik. Und der Anspruch, dass alle Bedürfnisse von einem Partner abgedeckt werden, überfordert eine Beziehung.

Wer versucht, sich in einem Netz von Menschen zu beheimaten, ist nicht davor verschont, dass es Freundschaften gibt, die plötzlich abbrechen, oder dass Bekannte sich nicht mehr melden. Wer sich einlässt, Vertrauen schenkt und Nähe wagt, macht sich verletzlich und wird wahrscheinlich verletzt. Das gehört dazu, das ist normal, weil Menschen sich verändern. Das ist nun schnell gesagt. In Wirklichkeit sind es harte Erfahrungen. Ich möchte keinen meiner Freunde verlieren und habe doch immer wieder mit dem einen oder andern einen Konflikt. Es nützt mir nichts, wenn ich ihn wegzudenken versuche. Mir ist es eine Hilfe, wenn ich das Unbehagen anspreche. Ich kann mit Klarheit leben, selbst wenn sie dazu führt, dass eine Freundschaft verlorengeht. Umgekehrt habe ich auch erlebt, dass sich eine Lücke plötzlich mit einem neuen Menschen wieder schloss.

Übung:

In welchen Beziehungen stehe ich? Ich kann auf einem Blatt Papier meinen Namen in die Mitte schreiben und dann die Namen der für mich wichtigen Menschen dazusetzen. Ich kann durch Nähe oder Distanz sichtbar machen, in welchem Bezugsnetz ich lebe. Wie wirkt das entstandene Bild auf mich? Was wird deutlich?

Ignatianisch:
Ignatius schreibt in seinen geistlichen Übungen, dass der Mensch seine Liebe mehr in die Werke als in die Worte legen soll. Das eigene Tun soll mehr und mehr von Liebe durchdrungen werden. Dieses Tun richtet sich auf die Mitmenschen, auf die Schöpfung, auf jegliches Engagement, das einer Sache oder einem Menschen zugutekommen kann.

In Beziehung zu Gott

Ein Leben in Beziehung, das Hand und Fuß hat und bunt ist, kennt in irgendeiner Form die Beziehung zum Göttlichen. Gott steht am Anfang und am Ende. Wir stammen von Gott und wir dürfen eines Tages zu ihm heimkehren. Wie wir mit dieser wichtigsten Beziehung umgehen, ist uns freigestellt. Jeder Mensch entscheidet, ob und wie er sich Gott zuwendet, ob und wie er sich von Gott distanziert. Menschen, die durch ihr Leben eine große Vertrautheit im Umgang mit Gott gefunden haben, ist gemeinsam, dass sie mit Gott reden wie mit einem Freund. Sie halten innere Dialoge mit ihm und fühlen sich dabei vertraut und angenommen. Davon spricht auch Ignatius von Loyola. Ja, es ist ein sehr wichtiger Punkt für ihn, Menschen zu zeigen, wie sie mit Gott sprechen können. Wir dürfen anfangen, zu Gott »du« zu sagen. Wir dürfen mit ihm sprechen wie mit einem vertrauten Menschen, müssen mit nichts zurückhalten.
Durch meine Arbeit in der Geistlichen Begleitung weiß ich, wie schwer das sein kann. Vorstellungen vom strengen Richtergott oder schlechte Erfahrungen mit religiösen Autoritäten können diesen Zugang er-

schweren oder versperren. Ich empfehle, es einfach immer wieder zu versuchen. Ein paar Mal am Tag »du, Gott« denken oder sagen und die Worte wirken lassen, ist ein Anfang.

Übung:
Ich sage innerlich immer wieder, wenn es mir tagsüber einfällt: Du, Gott. Danach horche ich auf mein Herz. Wie wirkt das auf mich?

Simone Weil hat geschrieben: »Wir beginnen zuerst abstrakt zu wissen, dass man Gott in allem lieben muss. Später erst dringt die geliebte Gegenwart Gottes zu jeder Sekunde durch alle großen oder kleinen Vorfälle, die das Gewebe des Tages bilden, mitten in unsere Seele. Der Weg zu diesem Zustand ist eine Arbeit.« Sie beschreibt, was jedem Menschen, der im religiösen Leben lebendig bleiben und wachsen will, geschieht. Was anfangs von andern gehört und im Religionsunterricht gelernt wird, will zur persönlichen Erfahrung werden. Gott zu lieben ist das erste und wichtigste Gebot. Hinter dem Gebot ist eine Wirklichkeit verborgen, die nichts mehr mit Wissen und Lernen zu tun hat. Die Seele besitzt die Fähigkeit, die Gegenwart Gottes, seine Liebe zu empfinden. Der Mensch entscheidet, sich auf diesen Weg zu machen. Es ist ein Übungsweg, es ist Arbeit.
Sich in Beziehung zum Geheimnis des Lebens, zu Gott, zu setzen, ist für jeden Menschen ein Sprung ins kalte Wasser. Silja Walter, eine Schweizer Benediktinerin, beschreibt in ihrer Biographie ihren Gemütszustand, als sie überlegte, ins Kloster einzutreten. Es zeigt sich, wie bewegend, wie einschneidend, wie ernst der Schritt auf Gott zu ist. Ihre Erfahrung ist nicht eine für

Ordensleute reservierte. Sie zeigt etwas von dem auf, was jeder Mensch erleben kann, wenn er sich tiefer auf Gott einzulassen wagt. Silja Walter schreibt: »In unseren Kirchen stehen Opferstöcke, nahe beim Portal. Oft hängt ein bedrucktes Kartonstück daran oder ein Metallschildchen, auf dem zu lesen ist, für wen oder für welchen Zweck das hineingelegte Geld der Gläubigen verwendet wird. Nun war mein Herz solch eine Münze geworden, die ich herlegen musste auf den Opferteller des ewigen Gottes, und ich sollte es hinunterlassen in den Opferstock, an dem keine Anschrift stand, zu welchem Zweck! So sollte also mein Herz, und das ist doch ich selbst, zu gar keinem andern Zweck auf Erden sein als dazu, in der finstern Öffnung des Opferstockes Gottes zu verschwinden, ohne zu wissen, wozu, kurz, zu gar keinem Zweck? (…) Niemand war da, der mich Gottes wegen trösten konnte. Nichts und niemand stand mir bei gegen Ihn, und niemand sah die arme, rot glühende Herzmünze, die zuckte und brannte unter Seinem Blick, derweil Er, der Allgegenwärtige dastand in mir und um mich in der Finsternis.«[2]
Die Begegnung mit Gott ist eine, die ganz anders ist, als die menschliche Vorstellungskraft sie sich ausdenkt. Silja Walter beschreibt in ihrem Text einerseits, wie sie die Gegenwart Gottes spürt, andererseits nimmt sie Finsternis wahr. Beides zusammen kommt dem nahe, was Menschen erleben, die Gott suchen: Der Mensch hat ein Gespür für Gott. Durch die Sinne lässt sich Gottes Dasein empfinden. Gott lässt sich aber nicht erfassen oder besitzen. Er ist immer anders.

Ignatianisch:
Eine gute Möglichkeit, die Beziehung zu Gott zu erneuern, sind die Exerzitien. Ignatius von Loyola hat

während seines ganzen Lebens daran gearbeitet, Menschen durch Exerzitien in ihrer Gottesbeziehung zu unterstützen und zu begleiten. Er versteht darunter Einkehrtage, die durch Impulse der Bibel, die Achtsamkeit auf den Leib, gemeinsames Beten und Eucharistiefeiern gestaltet sind. Diese Tage werden schweigend verbracht. An jedem Tag findet ein Gespräch mit dem Begleiter der Exerzitien statt. Es gibt solche Exerzitien als Kürzestform zum Kennenlernen, es gibt fünf- bis zehntägige Exerzitien und für Geübte die 30-tägigen Exerzitien. Als Einstieg eignen sich besonders Exerzitien im Alltag oder auch Internetexerzitien.

Ein Blick auf die Einsamkeit

Menschen, die vereinsamen, haben sich in irgendeiner Form ausgeklinkt, verabschiedet von sich selber, von andern, vom Leben. Um Vereinsamung geht es hier nicht. Selten jedoch spricht jemand von Einsamkeit positiv. Einsamkeit wäre also zu vermeiden, könnte die Schlussfolgerung heißen. Erlebte Einsamkeit ist in den meisten Fällen ein zunächst unangenehmes Gefühl. Aushalten gehört dazu, sich gedulden, warten können. Einsamkeit kann mit einer Art inneren Wüste verglichen werden, welche die eigene Bedürftigkeit bewusst macht. Wichtig ist, das Gefühl der Einsamkeit zu ertragen und sich vor Augen zu halten, dass es nicht ewig dauert. Es hilft die Vorstellung, durch diese innere Wüste hindurchzugehen. Ich helfe mir durch ein inneres Gespräch mit Gott und sage zum Beispiel: Ich weiß nicht, mein Gott, wie ich mit diesen schweren Gefühlen umgehen kann. Ich bin bereit, sie zu durchleben, und ich vertraue darauf, dass du mich durch diese Wüste hindurchführst. Wer einmal gewagt hat, die

Wüste der Einsamkeit zu durchqueren, der wird sich danach sicherer fühlen, wird wissen, dass letztlich aus der Einsamkeit Kraft, Kreativität und Eigenständigkeit wachsen können. Eine neue Idee oder Entschiedenheit tritt zutage, wenn der Mensch wagt, selbst die schweren Gefühle der Einsamkeit zu bejahen, ja anzunehmen. Rilke schreibt in einem Brief an einen Freund: »Und wenn wir wieder von der Einsamkeit reden, so wird immer klarer, dass das im Grunde nichts ist, was man wählen oder lassen kann. Wir sind einsam. Man kann sich darüber täuschen und tun, als wäre es nicht so. Das ist alles. Wie viel besser ist es aber, einzusehen, dass wir es sind, ja geradezu, davon auszugehen.«

Ignatianisch:
Ignatius spricht von der »Unterscheidung der Geister«, wenn es zum Beispiel darum geht herauszufinden, ob die Einsamkeit eher in Vereinsamung, also in die Abkapselung, führt oder ob sie einen Durchbruch zu größerer innerer Freiheit und Lebendigkeit bewirkt.

Übung:
Ich schaue die Gefühle an, die mit der Einsamkeit verbunden sind: In welche Richtung ziehen sie mich? Wie benenne ich sie? Von welchen Gedanken sind sie begleitet? Stelle ich fest, dass Gedanken und Gefühle mich kleinmachen, meine Minderwertigkeit betonen, darf ich zum Schluss kommen, dass nicht Gottes Geist am Werk ist. Stelle ich fest, dass Gedanken und Gefühle mich anspornen und herausfordern, darf ich annehmen, dass Gottes Geist mich zum Aushalten ruft.

Ich selber habe das Erleben von Einsamkeit zunächst im Zusammenhang mit der fehlenden Partnerschaft gesehen. Weil mir ein Partner fehlt, fühle ich mich einsam, war meine Logik. Heute weiß ich, dass jeder Mensch, unabhängig vom Lebensstand, mit dieser Dimension der Seele konfrontiert wird. Einsamkeit taucht dann auf, wenn der Mensch in wesentlichen Lebensfragen nicht sofort eine Antwort findet, wenn alles ausprobiert ist an möglichen Hilfsmitteln und trotzdem die Lösung oder eine Heilung nicht in Sicht ist. Es ist darum keine exklusive Aufgabe für Allein-Stehende, sich mit Einsamkeit auseinanderzusetzen. Möglicherweise wird diese Auseinandersetzung für sie aber zu einem Zeitpunkt drängend, wo Gleichaltrige in die tausend Kleinigkeiten des Familienalltags eingebunden sind.

Für mich selber hat sich die Einsamkeit von einem anfänglich schwierigen und kaum aushaltbaren Zustand zu einem Zufluchtsort gewandelt. Ich durfte entdecken, dass sich das Bittere der Einsamkeit zu wandeln begann, wann immer ich sie nicht negativ wertete, wann immer ich nicht mit Selbstvorwürfen auf sie reagierte. Einsamkeit hat nicht Schuld oder Versagen zur Ursache. Sie ist vielmehr eine innere Wüste, in der Klärung geschehen kann, wenn ich ihr ins Auge zu schauen vermag. Wenn ich sie zulasse, ja sie erleide, dann können sich dadurch Gedanken sammeln und ordnen. Dann kann Gottes Gegenwart plötzlich neu empfunden werden. Und schließlich kann gerade diese Form von immer wieder durchlebter Einsamkeit dazu führen, dass darin Impulse und schöpferische Ideen entdeckt werden.

Madeleine Delbrêl, Sozialarbeiterin in Paris und Mitglied einer Laiengemeinschaft, fasst ihre Erfahrungen mit der Einsamkeit in nochmals anderen Worten zusammen. Sie haben für mich große Leuchtkraft und er-

mutigen ungemein. Sie sieht in der Einsamkeit eines Christen ein Sakrament für die Welt:
»Ich bin sicher, die wahre Liebe zu Gott muss in einer wesentlichen Zone unserer selbst menschliche Einsamkeit sein oder es werden, ich glaube zudem, dass Gott diese Einsamkeit braucht, um in die Welt zu gelangen und in ihr zu wirken.
Ohne eine solche Einsamkeit bleibt unsere Hingabe an andere auf irgendeine Art mangelhaft.
Seine großen Begegnungen mit Gott hat der Mensch allein.
Einkehr halten besteht im Willen, uns allein von Gott rufen zu lassen.
Die Einsamkeit, die Gott dem Christen so oft in großzügiger Weise zu schenken weiß, scheint mir eine Art Sakrament für die Welt zu sein. Sie ist einer der tiefsten Risse, die dem Herrn und seiner Erlösung erlauben, durch uns hindurch in die Welt einzudringen. So sehe ich schon seit langem die Ehelosigkeit und alle anderen Arten der Einsamkeit, die seinetwegen im Allgemeinen fühlbarer sind.«[3]

Sich nichts vormachen

Viele Erwachsene, nicht nur Allein-Stehende, haben es sich zur Gewohnheit gemacht, die eigene Bedürftigkeit unter Verschluss zu halten. Das kann mit Erfahrungen in der Kindheit zu tun haben, wenn Hilfsbedürftigkeit, Angst oder Ohnmacht nicht beachtet, ja belächelt wurden. Deshalb stellt es für Erwachsene eine Aufgabe dar, sich dieser Realität neu anzunähern. Die eigene Bedürftigkeit kennen und benennen können ist kein Rückschritt ins kindliche Alter. Es geht um die Einsicht, dass jeder Mensch von Geburt bis zum

Tod bedürftig, das heißt auf andere angewiesen bleibt. Zuwendung, Trost, Zärtlichkeit, ein offenes Ohr, Verständnis, ein Wort der Versöhnung usw. kann ich mir selber nur bedingt geben. Diese lebensnötigen Zuwendungen können letztlich nur von andern geschenkt werden. Als Erwachsener die eigene Bedürftigkeit anzuschauen fordert deshalb heraus, weil dadurch ein wunder Punkt ans Licht kommen kann. Es kann sich zeigen, dass die Sehnsucht nach einer Umarmung riesig ist, dass es aber niemanden gibt, der mich in die Arme nimmt. Die Anerkennung der Bedürftigkeit führt zu einer tieferen Ehrlichkeit mit sich selber und sie kann die Auseinandersetzung mit einem großen Schmerz anstoßen. Aber gerade dadurch, im Benennen, Aushalten und Hindurchgehen, kann sich etwas wandeln, kann etwas von innen her heiler werden.

Übung:
Der folgende Satz von F. M. Dostojewski führt vor Augen, wohin es Menschen führt, die sich ihrer eigenen Wahrheit nicht stellen: »Vor allem belüge dich nicht selbst, denn, wer sich selbst belügt, kann keine Wahrheit mehr erkennen – weder in sich noch um sich – und verliert die Achtung vor sich selbst. Ohne Selbstachtung hört der Mensch auch auf zu lieben, und um ohne Liebe sich zu beschäftigen oder zu zerstreuen, ergibt er sich den Leidenschaften.«

Ignatianisch:
Ignatius hat in seinem Leben unzählige Menschen geistlich begleitet. Er weiß, was der Mensch braucht, um mehr und mehr zu seiner innersten Identität zu finden. Fundament bildet die Erfahrung, von Gott geliebt

und angenommen zu sein. Es ist die Erfahrung, die der Prophet Jesaja beschreibt, wenn er Gott dem Menschen sagen lässt: Du bist in meinen Augen teuer und wertvoll, ich liebe dich (nach Jes 43,4). Ein Mensch, der sich von Gott oder von Mitmenschen geliebt weiß, wird fähig, sich selber genauer anzuschauen, sich kritisch zu betrachten und über die eigenen Fehler, ja die mitgetragene Schuld nachzudenken. Dieser zweite Schritt, der Einblick in eigene Tiefenschichten, in Zusammenhänge, die mit Verstrickung und Unfreiheit zu tun haben, ist genauso wichtig auf dem Weg zu sich selber. Früher war die Beichte ein vertrautes Instrument, das einem Menschen Raum gab, Fehler und Schuld auszusprechen. Heute machen Menschen mit der Beichte gute Erfahrungen, wenn sie beispielsweise in Einkehrtagen oder Exerzitien eingebettet sind und so von einem ganzen geistlichen Prozess begleitet werden. Oft sprechen Menschen in der Geistlichen Begleitung ihr Unvermögen, ihre Schwäche und Schuld an und können von dieser Erfahrung ausgehend sich später einem Priester öffnen, um so die Zusage von Gottes Barmherzigkeit zu empfangen.

Eine Grundbedürftigkeit des Menschen ist die Frage der Zugehörigkeit. Zu wem gehöre ich? Wo gehöre ich dazu? Eine heute 50-jährige, allein-stehende Frau hat mir erzählt, welche Bedeutung für sie Zugehörigkeit hat und wie diese sich im Laufe ihres Lebens veränderte. Zunächst war es die Ursprungsfamilie, dann die Zugehörigkeit durch die Arbeit in tragenden Beziehungen der Kollegenschaft, dann das Experiment einer Wohngemeinschaft innerhalb eines Klosters, dann das Zusammenwohnen mit dem Vater. Heute, im Hinblick darauf, dass der Vater nicht mehr lange lebt, stellt sich ihr die Frage, ob und wie sie die Offenheit auf ei-

nen Mann, den sie neu kennengelernt hat, gestalten und eingehen will.
Dieses Beispiel zeigt, wie sich Zugehörigkeit verändern kann, welch verschiedene Formen sie kennt und dass sie als Frage, Aufbruch oder Suche das ganze Leben begleitet.

Und wenn ich leide?!

Für jeden Lebensstand bezahlt man einen Preis – in jedem Lebensstand gilt es Verzicht zu üben.
Allein-Stehende vermissen wahrscheinlich vor allem den Partner und eigene Kinder. Ich weiß von einer Frau, die das Kloster vermisst. Gerne wäre sie eingetreten, aber es passte nicht. Viele Allein-Stehende vermissen es, ihre Sexualität teilen und leben zu können. Manche vermissen das Fest. Es gibt keine Verlobung, keine Hochzeit, nichts Vorgesehenes oder Bekanntes, das die Lebensentscheidung inmitten von anderen beachtet und feiert. Und immer wieder können es die Mahlzeiten sein, die Erfahrung, allein am gedeckten Tisch zu sitzen und niemand erzählt oder fragt nach.
Unerfüllte Sehnsucht und das Leiden daran stellen den Menschen vor eine große Herausforderung. Oft verbindet sich damit unmittelbar die Frage nach dem Sinn. Das große Warum? Warum geschieht mir so? Warum ich? Warum gerade dieser Verzicht?
In eigenen Exerzitien, als für mich die Warum-Frage groß war, wurde der Hinweis der Begleitung eine Hilfe, dass die Frage nach dem Warum kaum zu einer Antwort führe, die mein Leiden zu lindern vermöge. Ich solle einmal versuchen, das Warum in ein Wozu umzulenken. Mir gefiel der Richtungswechsel. Es ging nicht mehr nur um die Vergangenheit, um Gründe und

Ursachen, sondern um eine Perspektive in die Zukunft. Daraufhin stellten sich neue Gedanken ein: Es könnte jemandem oder für etwas nützlich sein, dass mein Leben so und nicht anders verläuft. Es könnte eine Bestimmung geben, die dem Leben dient und mich deshalb freut. Es könnte einen Sinn aus meinem momentanen Leiden heraus ergeben. Ich hatte den Eindruck, dass das Grübeln dadurch in weiterführende Gedanken umgelenkt worden war.

Ignatius hat die Realität des Leidens in Bezug zu Jesus gesehen. Er hat die Zwiesprache mit dem gekreuzigten Jesus entdeckt und dadurch die Gemeinschaft mit einem, der vom Leiden nicht verschont blieb. Der Betende soll sich Christus vorstellen, der ans Kreuz geheftet ist, und dann ein Gespräch mit ihm beginnen. Er soll von sich erzählen, fragen, klagen, bitten, schweigen. Und er soll darauf horchen, was er von Christus her wahrnimmt.

Ich empfehle diese Methode immer dann, wenn Menschen in einem Dilemma sind oder wenn das Leid sie zu isolieren droht. Ich rate, einen geschützten Ort aufzusuchen, wo ein Kreuz mit dem Gekreuzigten hängt oder steht. Zunächst soll überlegt werden, in welche Nähe zum Kreuz ich mich setzen oder hinstellen will. Es darf ganz nahe sein. Dann soll Zeit zum Ankommen, zur Sammlung, schließlich zum Gespräch mit Christus gelassen werden. Ich darf alles aussprechen. Nach dem Gespräch mit dem Gekreuzigten ist es gut zu verweilen, einfach da zu sein. Das große Geschenk dieser Übung, wenn sich die Empfindung einstellt, besteht darin, dass Christus für mich da ist, dass ich einen Ort habe für das Unfassbare, Schwere oder Traurige.

Übung:
Ich schaue in meiner Umgebung, welche Kreuze mit einem Corpus mir begegnen. Gibt es ein solches Kreuz an einem geschützten Ort, wo ich mir vorstellen kann, Zwiesprache mit dem Gekreuzigten zu halten?

Das folgende Gedicht, das aus einer Meditation entstanden ist, spricht davon, wie Jesus als Bruder auf dem Weg empfunden werden kann:

Heimatloser Bruder

Heimatloser Bruder,
lass mich mit dir wandern
auf Hoffnung hin, auf Heimat hin,
die du schon kennst, die ich ersehn'.

Heimatloser Bruder,
lass mich ganz mich geben
in diese deine Welt,
genährt aus einer andern
– einbrechen will und möge sie
auch durch mein Sein hindurch.
So lass mich dich erkennen
im Gesicht am Wegrand,
zugewandt dem, der mich braucht.
Bitte, lehre du mein Herz
das Geheimnis zu umarmen:
in die Welt zu sterben, lebensfroh.

Heimatloser Bruder,
lasse mich nicht haften
an den Dingen hier.
Will ich die ganze Welt gewinnen
oder Stimmen, die mich rühmen

und betäuben mein dir zugewandtes Ohr?
Bewahre mich davor,
den Rastplatz für mein Ziel zu halten.

Heimatloser Bruder,
halt die Sehnsucht wach,
mit dir
auf meinem Weg, der deiner ist,
nach Hause zu gelangen.

Vaterhauswärts.

(Cornelia Schnabel, nach Lk 9,57)

Leidenschaftlich leben

Leidenschaftlich leben heißt, aus der eigenen Mitte heraus leben. Heißt, etwas wagen, etwas ausprobieren. Heißt, auf das innere Feuer hören und es hüten. Heißt, sich aussetzen, dabei Fehler machen. Heißt, lernfähig sein dürfen. Heißt, sich kritisch überdenken. Heißt, scheitern dürfen und wieder neu anfangen. Heißt, Pause machen, nichts tun, faulenzen. Heißt, Freude an neuen Ideen haben. Ideen wieder verwerfen. Heißt, einer Sache auf den Grund gehen. Heißt, sorgfältig sein, Dinge prüfen. Heißt, Entscheidungen treffen. Heißt, nein sagen. Ja sagen.
Ein Wort, das für viele heute einen Missklang hat, das aber das leidenschaftliche Leben beinhaltet, heißt »Hingabe«. Sich aus eigenem Entscheiden heraus ganz und gar etwas widmen, ist Hingabe. Die Dichterin Christine Busta hat darüber ein starkes Gedicht geschrieben[4]:

Einfach so

Sich in die Hingabe bergen,
ins große Wagnis der Liebe.
Sich keine Sicherheit errechnen,
nur eine Gewissheit haben:
den Tod.

Vielleicht
kann man so
das Leben erfüllen.

Eine allein-stehende Frau, die ich in Exerzitien begleiten durfte, hatte für sich seit längerer Zeit entschieden, ihr Allein-Stehen als ihre Form der Nachfolge Jesu zu verstehen und zu leben. Ich bat sie für dieses Buch von ihrem Weg zu schreiben. Folgende Gedanken vertraute sie mir an:

»Es ist nicht so, dass ich von klein auf wusste, dass ich ledig bleiben würde, und schon gar nicht um des Himmelreiches willen. Ich hatte mir einen ganzen Haufen Kinder gewünscht; mit dem Älterwerden wurden es immer weniger – zumal ich nie den richtigen Partner gefunden hatte. Ich hatte aber auch nie das Gefühl, auf Biegen und Brechen einen Mann für »etwaige« Kinder finden zu müssen. Von Gott angesprochen fühlte ich mich schon als kleines Mädchen; aber ich war halt nur ein Mädchen! Ins Kloster wollte ich nie. Wenn ich zurückblicke auf mein bisheriges Leben, muss ich sagen, dass nicht ich es war, die sich um einen vertieften Kontakt, um eine Beziehung mit Gott bemüht hätte. Es war immer Gott, der mir seine Hand entgegengestreckt hat, der mich gehalten hat, der mich zu sich hingezogen hat. Es wurde auch immer klarer, dass ich aus mir selbst nichts erreichen kann. In den großen Exerzitien habe ich ganz klar für mich wahrgenommen, dass ich nur bei Gott und mit Gott existieren und leben kann. Deuteronomium 30 war die Bibelstelle, die mir vor Augen führte, welches Angebot mir Gott vorlegt: Komm, nur bei mir bist du in Sicherheit. Von meinem Empfinden her ist ganz viel Dunkles, Böses um mich herum. Immer noch. Ich habe meine gesamte Situation gesehen und ganz bewusst nach dem einzigen Rettungsanker gegriffen und mein »Ja« gesagt. Wenn ich das Exerzitienhaus jeweils verlassen habe, fühlte ich mich immer bedroht. Zum Schutz habe ich mir einen Rosenkranzring angesteckt und zusätzlich ein kleines Kreuz in die Tasche gelegt. Diesen Ring habe ich segnen lassen oder anders ausgedrückt: Ich wollte das Ja Gottes zu mir bewusst, mit allen Sinnen, in der Feier der Auferstehung als Zeichen des Leben annehmen und vor Zeugen mein Ja, mein ›Hier bin ich‹ (Jes 6,8) mit Dank und Zuversicht als Antwort geben. Den Ring trage ich seither immer.«

Übung:
Wo gebe ich mein Herz hin, ohne in Geld und Sicherheiten zu rechnen?
Wo gehe ich das große Wagnis der Liebe ein?

Ignatianisch:
Ignatius denkt am liebsten über das Leben Jesu nach. Bei Jesus findet er für alles, was im Leben wichtig ist, Anhaltspunkte und eine lebensfördernde Perspektive. Das bedeutet, dass der Mensch nie bei seinen schwersten Erfahrungen Halt machen soll, dass nicht das Leid und das Leiden das letzte Wort haben. Ignatius lässt die Menschen nicht nur den leidenden Jesus als Bruder kennenlernen, sondern führt weiter, den Weg des Auf-

erstandenen anzuschauen. Der Glaube spart nichts aus. Er begleitet und stärkt den Menschen in Dunkelheiten und lockt darüber hinaus in die Wirklichkeit der Auferstehung. Durch die Geschichte mit Jesus darf jeder Mensch wissen: Was auch immer an Schlimmem und Dunklem geschieht, der Glaube an Gott vermag alles aufzubrechen, zu verwandeln und zu heilen. Der Auferstehungsglaube aus dem Leben Jesu heißt deshalb: Alles wird gut. Alles, was in Gott gelegt, mit Gott geteilt, mit Gott durchgestanden, wird gut. Alles!

Entscheidend ist die Entschiedenheit

Es tut dem Menschen gut, es setzt in ihm Kräfte frei, wenn er in den wichtigen Fragen des Lebens eine Entscheidung fällen kann. Das betrifft insbesondere die Lebensform und die Frage nach der Berufung im Beruf. Hier stellt sich nun die Frage, ob Allein-Stehende bezüglich ihrer Lebensform überhaupt eine Entscheidung fällen können. Eine Frau, mit der ich über dieses Thema sprach, meinte, dass letztlich im Hinterkopf von Allein-Stehenden eine Tür offen bleibe. Würde nämlich ein Partner, eine große Liebe auftauchen, prüften wohl die meisten diese Option und zögen die Änderung der Lebensform in Betracht. Eine andere Frau, die ich in Exerzitien begleitete, stellte sich intensiv der Frage der Lebensform. Sie schaute alle Bereiche an: das Ordensleben, die Partnerschaft, das Singleleben. Für sie war das Nachdenken darüber stets verbunden mit der Sicht auf Jesus und dem Wunsch, ein echtes Zeugnis zu geben. Die Exerzitien brachten ihr nicht die gewünschte Klärung oder Klarheit. Die Antwort, die ihr aber aufleuchtete, war die Einsicht, dass es bei ihr darum gehe, mit der Spannung des Nichtwissens oder Noch-

nichtwissens zu leben. Sie fand Ruhe mit dem Gedanken, dass das Aushalten und das Leben aus dieser Spannung auch eine Form von Entschiedenheit sei: die Entscheidung für die Offenheit.
Diese beiden Beispiele deuten an, dass es in der Frage der Lebensentscheidung für Allein-Stehende keine Entscheidung wie für die Ehe oder ein verbindliches Gemeinschaftsleben gibt. Wie kann trotzdem Entschiedenheit in ihr Leben treten? Entschiedenheit richtet sich an einem Ziel aus, einem Lebenstraum, einem Ideal, einem Vorbild. Der Blick auf das Leben eines Heiligen, die Orientierung an Jesus strahlt auf einen Menschen, der sich einlässt, zurück. Er beeinflusst seine Handlungen, formt sein Nachdenken. Und Entschiedenheit bildet sich an der Wirklichkeit der Gegenwart: sich nicht ans Vergangene klammern und ebenso wenig die ganze Energie ins Ungewisse der Zukunft stecken, sondern entschieden in der Gegenwart leben. Es geht darum, das gegenwärtige Leben als ganz und erfüllend zu erkennen. Ich kann mich für die Lebensform des Allein-Stehens im *Jetzt* und *Heute* entscheiden. Ich kann heute versuchen, ganz zu sein, trotz unerfüllter Wünsche. Ich kann versuchen, mein Allein-Stehen im Jetzt ganz zu leben. Ich kann mich ganz fühlen in der Gegenwart, ganz auch im Alleinstand. Damit die Leidenschaft nicht aus dem Leben weicht, damit Leben in Fülle immer erfahrbarer wird, brauchen es Allein-Stehende in hohem Maß, sich immer wieder entschieden auf die Gegenwart ihres Lebens einzulassen.

Übung:
Ich kann meine Gedanken beobachten und so prüfen, ob ich mich mit der Gegenwart beschäftige oder mich in Vergangenheit oder Zukunft aufhalte.

Ignatianisch:
Entschiedenheit ist für Ignatius eine wichtige Lebensformel, weil diese sich in radikaler Form am Leben von Jesus ablesen lässt. Entschiedenheit wächst aus dem Ja zur Wirklichkeit, zur eigenen Wahrheit, zur persönlichen Gegenwart. Entschiedenheit ist ein Ja, die Übung, auf dieses Ja zu stoßen, immer wieder.

Wie die Bibel Allein-Stehende anspricht

Im Buch Genesis, dem ersten Buch der Bibel, heißt es, dass Gott Menschen machen will, die ihm selber ähnlich sind (Gen 1,26). Wie Kinder mehr dem Vater oder mehr der Mutter gleichen, so hat jeder Mensch Ähnlichkeit mit seinem Schöpfer.
Kann ich diese Aussage auf mich beziehen, sie im Herzen bewegen? Ich bin nicht Gott, aber ich gleiche ihm, habe Anteil an ihm, und Gott hat Anteil an mir. Es kann wohltuend sein, wenn ich mir meinen Ursprung vor Augen halte. Gerade dann, wenn ich dazu neige, mein bisheriges Leben und besonders den Lebensstand als Versagen zu bewerten. Dieser Bibelvers geht alle an, unabhängig vom Zivilstand. Er verleiht Würde. Ich bin und darf ein Kind Gottes sein.

Übung:
Ich kann versuchen, den Satz »Ich bin ein Kind Gottes« (vgl. 1 Joh 3,1) im Herzen zu bewegen. Ich mache das einige Minuten lang. Versuche ganz bei diesem Satz zu bleiben. Wenn ich abschließe, schaue ich, wie die Übung nachwirkt.

Ein paar Abschnitte später (Gen 2,15) nimmt Gott den Menschen und setzt ihn in den Garten Eden, damit er ihn bebaue und hüte. Der Mensch hat von Gott her eine Aufgabe. Jeder kann etwas beitragen, sich einbringen und zur Verfügung stellen.
Das heißt, dass ich fragen soll, ob ich die Arbeit, die ich tue, auch als Aufgabe von Gott her sehe. Es darf mir

Freude machen, auf meine Weise Mitarbeiterin Gottes zu sein. Für Allein-Stehende ist der Bereich der Arbeit besonders bedeutsam. Durch eine Arbeit sind sie eingebunden in ein größeres Ganzes. Hier können sie Rückmeldung, Dankbarkeit, Zufriedenheit oder auch Kritik erfahren. Hier können sie spüren, dass sie gebraucht werden, sich nützlich machen und andere unterstützen. Gleichzeitig braucht es eine Wachsamkeit, damit die Arbeit nicht zum alleinigen Lebensinhalt wird. Die Arbeit darf nicht fehlende Beziehungen ersetzen.

Übung:
Ich beobachte, ob es einen Unterschied macht, wenn ich denke, dass ich meine Arbeit für mich und andere tue, oder wenn ich denke, durch meine Arbeit Mitarbeiter oder Mitarbeiterin Gottes zu sein.

Und wieder ein paar Verse weiter spricht die Bibel davon, dass sich Mann und Frau ergänzen. Sie weiß, dass der Mensch in jedem Fall auf andere angewiesen ist, dass es nicht gut ist, wenn der Mensch allein bleibt (Gen 2,18).
Was heißt das für Allein-Stehende? Für mich selber wandelte sich die Sehnsucht nach einem Partner zur Sehnsucht, in Beziehungen echte Gegenüber zu haben und die Nähe zu Gott nicht mehr zu verlieren. Ich war und bin auf Freunde angewiesen, die mich mögen, die mir aber auch mal Widerstand leisten oder mich kritisch hinterfragen. In diesem Sinn erfahre und brauche ich Ergänzung, um in meiner Liebesfähigkeit zu wachsen. Es ist wichtig, dass in meinem Freundeskreis Männer und Frauen vorkommen. Die Beziehungen zum eigenen und zum andern Geschlecht sind unterschied-

lich, spannend und wertvoll. Ich möchte keine der Freundschaften missen.

Übung:
Wie stehe ich in Beziehungen zu Menschen des eigenen und wie zu Menschen des andern Geschlechts?

Der Apostel Paulus schreibt in seinem Brief an die Menschen in Korinth ein ganzes Kapitel über die Ehe respektive über die Ehelosigkeit (1 Kor 7). Er selber ist überzeugt von der Wichtigkeit der Unverheirateten. Er ist der Auffassung, dass diese sich mit ungeteiltem Herzen um die Sache Gottes kümmern können. Er sagt sogar: Ich wünschte, alle Menschen wären (unverheiratet) wie ich. Doch jeder hat seine Gnadengabe von Gott, der eine so, der andere so (1 Kor 7,7). Paulus verleiht den Unverheirateten, unabhängig davon, ob es sich um Frauen oder Männer handelt, eine hohe Wertschätzung.

Übung:
Wie gelingt es mir, mir selber Wertschätzung entgegenzubringen, meine Art zu leben als wertvoll zu betrachten?

Als letzten biblischen Aspekt füge ich ein Jesuswort aus dem Johannesevangelium an (Joh 10,10b). Jesus beschreibt seine Lebensaufgabe in diesem Ausschnitt damit, dass er auf die Welt gekommen ist, um den Menschen ein Leben in Fülle zu verheißen. Er bezieht sich in dieser Aussage nicht auf eine bestimmte Menschengruppe. Er meint alle! Ziel jedes Menschen darf sein, ein erfülltes, ein gutes Leben zu leben.
Diese Verheißung eines mich erfüllenden Lebens darf

als guter Stern über meinem eigenen Denken stehen. Ich muss und soll mich nicht zu schnell abfinden und halbherzig durchs Leben gehen. Ich darf die Verheißung auf mich beziehen und meine Sehnsucht nach ihr ausrichten.

Übung:
Ich versuche den Satz »Über meinem Leben steht die Verheißung von Erfüllung« zu verinnerlichen. Ich kann ihn laut aussprechen, ihn innerlich erspüren. Ich kann ihn im Herzen gleichsam einpflanzen.

Persönliche Auseinandersetzung mit der Lebensform

Wie lange suche ich einen Partner?

Frauen um die vierzig beginnen sich mit der möglichen Kinderlosigkeit zu konfrontieren. Das heißt aber noch nicht, dass die Suche nach einem Partner gleichzeitig abgeschlossen ist. Sie verändert sich dadurch möglicherweise.
Die folgenden Fragen wollen das Nachdenken über die eigene Situation anregen. Sie können helfen, sich zu orientieren: Ist es erst recht die Suche nach einem Partner, die ich angehen will, oder sieht es eher danach aus, dass es nicht mehr ums Weitersuchen geht? Es kann sehr hilfreich sein, sich über diese Fragen mit vertrauten Menschen auszutauschen. Die Fragen sind als Denkanstöße und als Anregung gedacht.

- Was löst das Thema Partnerschaft bei mir aus? Ist es ein wunder Punkt in meiner Biographie?
- Was unternehme ich, um einen Partner, eine Partnerin zu finden? Bin ich mir bewusst, dass es sinnvoll ist, selber aktiv zu werden?
- Welches Bild habe ich von Verheirateten? Stimmt es mit dem überein, was ich von mir bekannten Paaren erlebe?
- Wie erfahre ich, wie beschäftigt mich das Fehlen eines Partners?
- Mache ich andere für meinen Zustand verantwortlich?

- Welchen Stempel habe ich mir bezüglich meiner Lebensform aufgedrückt (Schuldige, Versager, Gescheiterte)?
- Mit wem kann ich über meine Lebensform sprechen?
- Wem könnte ich mich anvertrauen?
- Wie reagieren andere auf meine Lebensform?
- Welche Kommentare verunsichern mich? Wie gehe ich mit ihnen um?
- Welchen Zugang habe ich zum Gebet?
- Kann ich mir vorstellen, Gott zu bitten: Zeige mir, wie mein Leben ganz werden, sich entfalten und gelingen kann?

Es kann hilfreich sein, die eigene Entwicklung unter dem Aspekt des Wunsches nach einem Partner anzuschauen:

- Wie sieht meine Geschichte mit konkreten Partnern aus?
- Welche Abschnitte hat es gegeben?
- Gibt es eine Entwicklung in meinem Verhalten mit Partnern?
- Wie beurteile ich die Brüche?
- Habe ich irgendwann einen »Hahn zugedreht«?
- Lebt der Wunsch möglicherweise in Kopf und Herz, aber ich scheue mich vor einem konkreten Menschen?
- Welches verborgene Wort von den Eltern oder andern wichtigen Personen hat möglicherweise Macht über mich?
- Welches sind meine Vorbilder (positive oder negative)?

Schließlich ist auch die Frage von Bedeutung, welches Verständnis ich von Allein-Stehenden habe, ob ich sie bemitleide oder verachte:

- Welche Vorbilder gibt es für mich, an denen ich mich orientieren kann?
- Wie beurteile ich selber Allein-Stehende?
- Welches ist mein Bild von einem gelungenen Leben? Sehe ich Varianten?
- Fühle ich mich als Randfigur?
- Wie ist mein Selbstwertgefühl als Partnerlose?
- Kann ich mir vorstellen, dass es ein erfülltes Leben gibt mit unerfüllten Wünschen? Wie sähe es bei mir aus?

Ist die Ausgangsfrage, wie lange nach einem Partner gesucht werden soll, damit beantwortet? Sicher nicht, denn sie ist vielschichtig mit den eigenen Lebenszusammenhängen verbunden. Die Antworten sind immer individuell. Der Abschnitt mit den Fragen kann dazu verhelfen, dass jemand zu dem Schluss kommt, gar nicht so unzufrieden mit der eigenen Lebensform zu sein, obwohl sie bisher als defizitär angeschaut wurde. Oder jemand stellt fest, erst halbherzig vor sich selber und vor Gott die Sehnsucht nach einem Partner ausgedrückt zu haben und deshalb auch in der Suche vage und wenig konkret geblieben zu sein. Oder jemand erlaubt sich, eigene Gedanken bezüglich der Lebensform haben zu dürfen. Oder jemand entdeckt, dass die unerfüllten Wünsche ein Teil des Lebens sind. Sie sind nicht allein bestimmend. Die Akzeptanz kann jetzt wachsen, dass allein-stehend sein ein Lebensstand ist, der nicht mit dem Gefühl verbunden ist, es fehle jemand.

Übung:
Der folgende Ausschnitt aus einem Brief von Rainer Maria Rilke ermutigt, die eigenen Fragen nicht vorschnell beiseitezuschieben. Lebensfragen sind wie Schwangerschaften. Sie brauchen ihre Zeit und ihren Raum. Es ist uns entzogen, wie die konkrete Antwort aussieht.

Habe Geduld gegen alles Ungelöste in deinem Herzen
und versuche, die Fragen selbst lieb zu haben,
verschlossene Stuben
oder ein neues Buch,
das in fremder Sprache geschrieben ist.
Forsche nicht nach Antworten,
die dir nicht gegeben sind,
weil du sie nicht leben kannst.
Und darum handelt es sich doch:
alles zu leben. Lebe jetzt die Fragen!
Vielleicht lebst du dann eines neuen Tages,
ohne es zu merken, in die Antwort hinein.

Täuschungen, Fallen und Thesen

Täuschungen:
Ein erfülltes Leben ist ein Leben ohne Probleme und Schmerzen.
Es gibt ein erfülltes Leben ohne unerfüllte Wünsche und Bedürfnisse.
Ein erfülltes Leben ist nur möglich, wenn ich in einer Partnerschaft lebe.
Wenn ich einen Partner gefunden habe, ist alles gut, dann sind alle meine Probleme gelöst!

Fallen:
Gefangen sein im Bild, das man von sich selber hat.
Unreflektierte Fremderwartungen: im Leben sollte man erreichen … Kinderhaben gehört dazu, wäre normal …
Vor allem auf das fixiert sein, was fehlt: Orientierung am Mangel.
Sich nicht andern aussetzen, ihre Sicht, Kritik, Korrektur nicht an sich heranlassen.
Sätze von andern oder bereits verinnerlicht: Du musst doch Zeit haben, du kannst da nicht mitreden, du musst dich doch um niemanden kümmern.
Sätze wie: Das richtige Leben beginnt dann, wenn ich ausgezogen bin von daheim; das richtige Leben beginnt dann, wenn ich meine Ausbildung fertig habe; dann, wenn ich Arbeit und Geld habe, wenn ich einen Partner habe, wenn ich Kinder habe, wenn ich pensioniert bin …

Thesen:
Ein erfülltes Leben hängt nicht von meinem Zivilstand ab.
Erfülltes Leben schließt unerfüllte Wünsche mit ein.
Das Leben findet in der Gegenwart statt. Es ist schade, wenn ich es im Wartezimmer verbringe.
Es gibt keine bessere oder schlechtere Lebensweise, sondern besseren oder schlechteren Umgang mit einer Lebensweise.
Die Ausrichtung auf die Möglichkeiten, die ich habe, statt auf den Mangel, wirkt belebend.

Ich bin allergisch auf folgende Sätze:
Allein-Stehende sind egoistisch.
Die haben genug Geld.
Sie leben luxuriös.
Du hast's ja gut, du musst nicht nach Hause und dich um Kinder kümmern.
Die haben Zeit.

Anhang

Mit einem Bibeltext beten

Still werden.
Den Atem Gottes spüren.
Mich in Gottes Gegenwart stellen.
Ein Vorbereitungsgebet beten.
Bitten, was ich ersehne.
Den Bibeltext lesen.
Mir die Szene vorstellen.
Meditieren.
Verweilen, wo ich angesprochen bin.
Verspüren, verkosten, dabeibleiben.
Mit Gott ins Gespräch kommen.
Vaterunser beten.
Rückschau halten.

Gebet der liebenden Aufmerksamkeit

Still werden.
Den Atem Gottes spüren.
Mich in Gottes Gegenwart stellen.
Gott um einen ehrlichen Blick bitten.
Liebevoll und ohne Bewertung auf den Tag schauen.
Dort verweilen, wo ich angesprochen bin.
Danken für alles, was gut war.
Um Verzeihung bitten für alles Ungute.
Meine Pläne für morgen Gott anvertrauen.
Vaterunser beten.

Impulse zu persönlichem Gebet

Da bin ich, Gott, so, wie ich bin:
    mit meiner Sehnsucht und meiner Hoffnung,
    mit meiner Müdigkeit und meinem Stress,
    mit allen Zweifeln und Sorgen,
    mit aller Freude und Erwartung,
    mit meinen Fragen und allem Unverstehen,
    mit ...
Hilf mir zu sehen, was du mir jetzt zeigen möchtest,
hilf mir zu hören, was du mir jetzt sagen möchtest,
hilf mir zu spüren, dass du mit mir gehst und bei mir bleibst.
So bin ich jetzt vor dir.
Sprich du zu mir, Gott.

Immerfort empfange ich mich aus deiner Hand.
Das ist meine Wahrheit und meine Freude.
Immerfort blickt mich dein Auge an,
und ich lebe aus deinem Blick,
du mein Schöpfer und mein Heil.
Lehre mich,
in der Stille deiner Gegenwart das Geheimnis zu verstehen,
dass ich bin.
Und dass ich bin durch dich
und vor dir und für dich.

(nach Romano Guardini)

Eine Übung mit dem Leib

Ich setze mich bequem und aufrecht auf einen Stuhl an einem angenehmen Ort.
Ich zähle einige Körperstellen auf und versuche vor dem Weitergehen zur nächsten eine Empfindung für sie zu bekommen, z. B. Nacken, Gesicht, Bauch, Füße, Hände.
Ich wiederhole das Gleiche und vergleiche die Wirkung mit dem ersten Durchgang.
(Ich kann die Empfindungen nicht herstellen oder machen. Ich kann einen Moment an die genannte Körperstelle hinspüren. Wenn nichts ist, gehe ich ruhig weiter. Empfindungen können sich mit Geduld und durch Wiederholung einstellen.)

Jetzt nehme ich meine Füße, vor allem die Fußsohlen wahr und ihren Kontakt zum Boden. Ich lasse etwas Zeit und stelle mir vor, wie verbunden ich als Mensch mit der Erde bin.
Dann spüre ich meinem ganzen Leib nach, den Beinen, dem Rumpf, dem Rücken- und Brustbereich, dem Nacken, Hals und Kopf bis zum Scheitelpunkt, schließlich die Arme und Hände. Ich mache mir bewusst, dass mein Leib von Gott geschaffen ist.
In diese Wahrnehmung hinein höre ich meinem Atmen zu. Ich beobachte, wie der Atem in mich einfließt und wie er wieder ausströmt. Ich muss dazu mein Atmen nicht verändern. Er darf flach oder tief oder unruhig sein. Ich versuche eine Weile ganz aufmerksam bei dieser Bewegung des Einatmens und Ausatmens zu bleiben. Wenn ich abgelenkt werde, hole ich mich zurück und bin wieder wach dabei.

Schließlich frage ich mich, wo in meinem Leib meine Mitte, meine Seele ihren Ort haben könnte. Ich versuche keine voreilige Antwort zu geben, sondern mir von meinem Leibempfinden her die Antwort geben zu lassen. Habe ich auch eine Empfindung für meine Seele? Ich darf, ob ich nun eine Empfindung für die Seele habe oder nicht, sprechen: »Du, Gott, wohnst in meiner Seele.« Ich lasse nachwirken.

Anmerkungen

[1] Aus: Das denkende Herz der Baracke. Die Tagebücher der Etty Hillesum 1941–1943. Aus dem Niederländischen von Maria Csollány © Verlag Herder GmbH, Freiburg i. Br. 1983.
[2] Aus: Silja Walter, Das dreifarbene Meer. Meine Heilsgeschichte – eine Biographie, Paulusverlag Fribourg 2009, S. 17.
[3] Aus: Madeleine Delbrêl, Die Liebe ist unteilbar, Johannes Verlag Einsiedeln, Freiburg [3]2007, S. 91.
[4] Aus: Christine Busta, Der Atem des Wortes, © Otto Müller Verlag, Salzburg [3]2012.

Die Bibeltexte sind entnommen der Einheitsübersetzung der Heiligen Schrift © 1980 Katholische Bibelanstalt, Stuttgart.

In der Reihe **Ignatianische Impulse** sind bisher erschienen:

Band 1: Willi Lambert, **Das siebenfache Ja.** Exerzitien – ein Weg zum Leben
Band 2: Stefan Kiechle, **Sich entscheiden**
Band 3: Piet van Breemen, **Alt werden als geistlicher Weg**
Band 4: Heiner Geißler, **Glaube und Gerechtigkeit**
Band 5: Cordula und Ottmar Leidner, **Weil ich mit dir wachsen möchte.** Herausforderung Ehe
Band 6: Klaus Mertes, **Verantwortung lernen,** Schule im Geist der Exerzitien
Band 7: Karl Frielingsdorf, **Gottesbilder,** Wie sie krank machen – wie sie heilen
Band 8: Christian Troll, **Als Christ dem Islam begegnen**
Band 9: Bernd Hagenkord, **jugend@gott**
Band 10: Claudia Bausewein, **Sterbende begleiten**
Band 11: Willi Lambert, **Wovon die Liebe lebt.** Eucharistie und Lebenskultur
Band 12: Eckhard Frick, **Sich heilen lassen**
Band 13: Stefan Kiechle, **Macht ausüben**
Band 14: Franz Jalics, **Der kontemplative Weg**
Band 15: Ignatius von Loyola, **In allem – Gott**
Band 16: Gundikar Hock (Hg.), **Ergriffen vom Feuer**
Band 17: Michael Hainz, **Freundschaft mit Armen**
Band 18: Christian Herwartz, **Auf nackten Sohlen.** Exerzitien auf der Straße
Band 19: Albert Keller, **Sinn im Unsinn,** Worüber Jesuiten lachen
Band 20: Christoph Benke, **Sehnsucht nach Spiritualität**
Band 21: Alfred Delp, **Im Angesicht des Todes**
Band 22: Peter Balleis, **Leidenschaft für die Welt**
Band 23: Josef Maureder, **Mensch werden – erfüllt leben**
Band 24: Martin Maier, **Pedro Arrupe – Zeuge und Prophet**
Band 25: Jon Sobrino, **Der Preis der Gerechtigkeit**
Band 26: Piet van Breemen, **Im Geheimnis daheim.** Hilfen aus der Bibel
Band 27: Bernhard Waldmüller, **Gemeinsam entscheiden**
Band 28: Christian Rutishauser, **Christsein im Angesicht des Judentums**
Band 29: Thilo Esser/Meike Wagener-Esser, **Als Familie im Glauben wachsen**

Band 30: Elmar Mitterstieler, **Den verschwundenen Flüssen nachgehen.** Gedanken zur geistlichen Begleitung
Band 31: Felix Genn, **Es würde der Welt etwas fehlen.** Pastorale Impulse aus dem Geist der Exerzitien
Band 32: Hermann Kügler, **Versuchungen widerstehen?**
Band 33: Vitus Seibel (Hg.), **Was bedeutet Dir Jesus Christus?**
Band 34: Stefan Kiechle, **Spielend leben**
Band 35: Elke Rüegger-Haller, **Aufstehen und heilen.** Missbrauch und Exerzitien
Band 36: Eckhard Frick/Margret Fühles, **Schöpferisch im Spiel vor Gott.** Bibliodrama und Exerzitien
Band 37: Gabriela Grunden, **Wer glaubt, fragt**
Band 38: Hermann Kügler, **Scheitern**
Band 39: Klaus Mertes, **Widerspruch aus Loyalität**
Band 40: Ursula Dirmeier, **Nicht Furcht, sondern Liebe.** Geistliche Lebenskunst mit Mary Ward
Band 41: Christoph Benke, **Gott ist nicht kleinlich.** Über das christliche Maß
Band 42: Stefan Bauberger, **Der Weg zum Herzgrund.** Zen und die Spiritualität der Exerzitien
Band 43: Medard Kehl/Stephan Ch. Kessler, **Priesterlich werden – zwischen Banalität und Verklärung**
Band 44: Medard Kehl, **Mit der Kirche fühlen**
Band 45: Albert Keller, **Vom guten Handeln.** In Freiheit die Geister unterscheiden
Band 46: Klaus Mertes, **Sein Leben hingeben.** Suizid, Martyrium und der Tod Jesu
Band 47: Stefan Kiechle, **Warum leiden?**
Band 48: Anton Aigner, **Die Kunst des Leitens.** Erfahrungen – Einsichten – Hinweise
Band 49: Gundikar Hock (Hg.), **Freunde im Herrn.** Heilige und selige Jesuiten
Band 50: Willi Lambert (Hg.), **Von Ignatius inspiriert.** Erfahrungen und Zeugnisse
Band 51: Christian Herwartz, **Brennende Gegenwart.** Exerzitien auf der Straße
Band 52: Alex Lefrank, **In der Welt – nicht von der Welt**
Band 53: Hildegard Aepli, **Single – und wie?!** Erfülltes Leben mit unerfüllten Wünschen
Band 54: Hans-Dieter Mutschler, **Gemeinsam mehr von der Welt wissen.** Zum Verhältnis von Spiritualität und Naturwissenschaft